AF618225

Gewidmet meinen Kindern

Miriam
Stephan
Thomas

Klaus Bohne

PATCHWORK ORIENTIERUNG

Bruchstücke
und Ahnungen
zu vorletzten,
letzten und
nachfolgenden
Dingen

1. Auflage (2016)

Autor: Klaus Bohne
Umschlaggestaltung, Fotos: Barbara Bohne
Grafik: Hagen Stüdemann
Albert-Einstein-Niels-Bohr-Foto: www.pixabay.com
Lektorat, Korrektorat: Barbara Bohne
Printed in Germany

Verlag: tao.de in J. Kamphausen Mediengruppe GmbH, Bielefeld,
www.tao.de, eMail: info@tao.de

Bibliografische Information der Deutschen Nationalbibliothek:
Die Deutsche Nationalbibliothek verzeichnet diese Publikation
in der Deutschen Nationalbibliografie; detaillierte bibliografische
Daten sind im Internet über http://dnb.d-nb.de abrufbar.

ISBN Paperback: 978-3-96051-216-5

Inhaltsverzeichnis

Vorwort

> Wie merkwürdig ist die Situation von uns Erdenkindern! Für einen kurzen Besuch ist jeder da. Er weiß nicht wofür, aber manchmal glaubt er, es zu fühlen.
>
> Albert Einstein

Patchwork Orientierung geht der Frage nach, ob es so etwas wie eine Seele gibt, was es damit auf sich hat und ob vielleicht dann, wenn das klargestellt würde, alles andere im Leben irgendwie anders wäre – reichhaltiger, spannender, sinnvoller und schöner. Beim Schreiben habe ich mir einen Menschen vorgestellt, der sich langsam der Lebensmitte nähert, in seinen Alltag voll eingespannt ist, engagiert vielleicht, meistens auch gestresst, und der weiß, wo es lang geht. Er oder sie kümmert sich nicht viel um Hintergründiges und um das sogenannte Bedeutungsvolle. Aber manchmal steigt doch eine Ahnung ins Bewusstsein hoch, dass am Leben vielleicht noch mehr dran sein könnte, oder wir bemerken, dass das alles um uns her so unsinnig erscheint, so absurd.

Kann man im Leben auch das Thema verfehlen wie beim Schulaufsatz? Denk einmal darüber nach.

Wer dagegen seiner Sache völlig sicher ist und fest auf dem Boden seiner Überzeugungen steht, der sollte das Buch schleunigst weglegen: Er würde sich nur ärgern. Diejenigen, deren Welt noch nicht durch Unbegriffenes erschüttert wurde, und auch die, die sich von Amts wegen auf Antworten festgelegt haben, sollten diese Schrift meiden. Ich nehme aber an, dass es Menschen gibt, die Orientierung suchen, für die es noch offene Fragen gibt, und die es wagen, das in Frage zu stellen, was sie bisher gelebt haben. Es soll also ein Büchlein für die Mutigen und Lebendigen werden, das selbst noch mehr Mut macht. Und den Jungen in ihren Allmachtsvorstellungen, die den angeblichen Ernst des sogenannten Lebens noch nicht ganz verinnerlicht haben, möge es ein bisschen Bodenhaftung geben.

»Das ist ein zu weites Feld«, lässt Fontane den alten Vater von Effi Briest sagen, wenn er bedrängenden Fragen ausweichen will. Dieses riesige Feld, so groß wie alle Ozeane zusammen, wird hier von oben gezeigt, im Überflug, aber hoffentlich nicht nur oberflächlich. Die hier angerissenen Themen sind so breit gefächert, dass sie nicht im Detail dargestellt werden können und sollen, oder: durch Sachkenntnis soll man sich nicht den klaren Blick verstellen lassen. Die verschiedenen Komponenten, die das Leben des Menschen ausmachen, werden hier nebeneinander gestellt: Ein Konglomerat, das im Kopf des Lesers zu einer Synthese werden soll.

Ich wünsche mir, dass das Buch allen Leserinnen und Lesern den Impuls verleiht, ihr eigenes Buch zu schreiben, zumindest im Kopf.

Klaus Bohne

1 Wir sind heutige Menschen

Der moderne und aufgeklärte Mensch von heute findet keine Antwort auf die Frage, wozu die vielen Kirchen und das ganze Christentum da sind und was sie nützen. Der Mensch von heute ist selbständig, er hält sein Denken für logisch und orientiert sich nach Möglichkeit mit Hilfe seines Verstandes. Wenn dies nicht gelingt, bricht allerdings leicht eine Panik aus. Neben den notwendigen Überlegungen zur Lebensgestaltung gibt es Gefühle und Empfindungen, Freude, Verliebtheit und Begehren, Enttäuschung und Wut, Trauer vielleicht manchmal, aber das sind die Zugaben. Der normale und gesunde Mensch folgt diesen Gefühlen, wenn sie sehr stark sind und wenn es keine Gegengründe gibt. Er ist soweit klar im Kopf, dass er mit diesen Gefühlen und seinem Verstand im Leben zurechtkommt – jedenfalls ist das seine Überzeugung und er ist stolz darauf. Ihm ist schlicht unbegreiflich, was die Leute in den Kirchen anstellen und wie sie sich benehmen. Was sie reden ist unverständlich und ihre Lebensmaßstäbe sind vollkommen veraltet. Wer dazu noch sieht, wie sich diese Organisationen benehmen, kann sich nur entrüstet abwenden.

Sie diskriminieren ganze Bevölkerungsgruppen und stellen absurde Vorschriften auf, in ihren Einrichtungen kam es zum Missbrauch und zur Misshandlung von Jugendlichen – ein abscheuliches Treiben. Es mag sein, dass die christlichen Kirchen soziale Einrichtungen betreiben und hin und wieder auch in politischer Hinsicht eine hilfreiche Rolle gespielt haben – Stichwort Untergang der DDR – , aber leider haben sie ebenso oft – z. B. beim Heraufkommen der Naziherrschaft – versagt. In ihrem Tun sind sich die zahlreichen christlichen Formationen und Richtungen keineswegs einig – es gibt eine große Zahl irgendwie unterschiedlicher Gruppierungen. Immer mehr Menschen treten endlich – zumindest in Europa – aus den Kirchen aus und es gibt also Hoffnung, dass der Spuk bald ein Ende hat.

Diese Empfindungen und Meinungen, die von vielen geteilt werden, sehen aber doch nur die glänzende Oberfläche. Es ist bekannt, dass jedes Jahr mehr als 30 Prozent der Bevölkerung von einer psychischen Störung betroffen sind, z. B. von Angststörungen, Alkoholstörungen, Depression, Zwangsneurosen, psychotischen Störungen und anderen.[a)] Im Jahre 2013 wurden auf den psychiatrischen Stationen in Deutschland 966 000 Fälle behandelt – ein Anstieg von 28 Prozent binnen zehn Jahren. Rund 280 000 Zwangseinweisungsverfahren gibt es im Jahr und schätzungsweise 200 000 Menschen kommen jährlich in Deutschland in geschlossene Anstalten. »Burnout« ist eine der neuen Krankheiten, aber zum

[a)] Quelle: Robert-Koch-Institut, Studie zur Gesundheit Erwachsener in Deutschland 2012, 5318 Personen untersucht

Glück gibt es im Internet mehr als 10 Seiten mit Adressen von Spezialkliniken dafür. Auch Partnerschaften sind nicht immer ganz einfach. Nach der derzeitigen Statistik werden etwa 35 Prozent aller in einem Jahr geschlossenen Ehen im Laufe der kommenden 25 Jahre geschieden. Leider gab es im Jahr 2014 in Deutschland auch 180 955 Fälle von Gewaltkriminalität. Und wie kommt es, dass viele Jugendliche sich gern mit einem Joint in Stimmung versetzen oder durch Komasaufen eine Ekstase erreichen möchten? Unser zum Glück florierendes Wirtschaftssystem erzeugt einen Leistungsdruck, dem nicht alle gewachsen ist. Versagensängste, Enttäuschungen, Ungerechtigkeit, Chancenlosigkeit bei begrenzter Leistungsfähigkeit und Rücksichtslosigkeit sowohl von Seiten der Leitung wie auch von Seiten der Kollegen sind nicht leicht zu ertragen. Dann kann es zu einer plötzlich aufbrechenden Aggressivität gegen alles Bestehende kommen und aus freundlichen Menschen werden plötzlich Berserker. Die genannten Störungen werden vielleicht dadurch begünstigt, dass im Hintergrund Bedrohungen lauern, deren ständige Verdrängung aus unserem Bewusstsein Energie kostet. Wir haben Angst vor dem Klimawandel, vor unseren vergifteten Nahrungsmitteln, vor den Infektionskrankheiten, gegen die es gegenwärtig keine Therapie mehr gibt, vor den Eskapaden der ungebremsten Wirtschaft, vor der overkill capacity, vor Überfremdung. Das alles sind Ausdrucksformen der Angst vor der Sinnlosigkeit und der Angst vor dem Tode.

Wir möchten gerne eine Bedienungsanleitung für ein gutes Leben haben. Was sollen wir tun? Wer etwas Geld hat, möchte es vermehren, um sich sicherer zu fühlen. Und es wird empfohlen, am besten im Rüstungsbereich zu investieren, das lohnt sich immer. Die Kriege und Bürgerkriege, die derzeit toben, machen solche Investitionen zu einem sicheren Geschäft.

> Deutsche Finanzinstitute betreiben milliardenschwere Geschäfte mit Atomwaffenherstellern. Der niederländische Verband von Pax Christi hat gezeigt, dass zwischen 2010 und 2012 die deutschen Investitionen in Firmen, die Atomsprengköpfe und Trägersysteme produzieren, 7,6 Milliarden Euro betrugen. Die Deutsche Bank ist für fast die Hälfte dieses Betrages verantwortlich. Sie investierte laut der Studie unter anderem über Aktien, Anleihen und Kredite mehr als 3,5 Milliarden Euro in Hersteller von Atomwaffensystemen. Auf Rang zwei folgt die Commerzbank mit 1,7 Milliarden Euro. Sie unterhält Beziehungen zu neun dieser Unternehmen. Und die jüngsten Kriege in Nordafrika, dem Mittleren und Nahen Osten lassen das Geschäft aufblühen.[b)]

Viele Menschen sind sich dieser Situation bewusst, können aber beim besten Willen keinen Ansatz zur Hilfe

---

[b)] Käßmann, M.: Vortrag zur Verleihung des Aachener Friedenspreises entdecken. Wir wollen nicht nur schwarz malen! Natürlich gibt es nicht nur die genannten Schrecklichkeiten, sondern auch einige leuchtende Beispiele menschenfreundlichen Verhaltens, die uns Hoffnung geben. Vandana Shiva hat ihre Tätigkeit als Quantenphysikerin geopfert, um in ihrem Heimatdorf in Indien eine Initiative zu begründen, die vielen Bauern Hoffnung gegen eine Übermacht des Bösen gibt. Sie schuf eine Saatgut-Bank und betreibt biologischen Landbau als ein Beispiel für viele Bauern. Ibrahim Abouleish hat gezeigt, dass die Bodenversalzung und -devastierung, die in Ägypten als schädliche Nebenwirkungen des Assuan-Staudammes aufgetreten sind, rückgängig gemacht werden können und dass eine »Ökonomie der Liebe« in der Lage ist, ein ganzheitliches Wirtschaftsmodell zu errichten, das erfolgreich ist und vielen Menschen eine Existenzgrundlage bietet.[34] Zahlreiche Initiativen zur Schaffung regionaler Währungen und Wirtschaftsgemeinschaften begründen die Hoffnung, dass eine menschlichere und gerechtere Wirtschaft errichtet werden könnte. Quantitativ gesehen sind das alles Inseln im Ozean einer zerstörerischen Gier.

Positiv ausgerichtete Menschen werden dennoch alle benannten Krankheiten, persönlichen Schwierigkeiten und die internationalen Konflikte entweder ignorieren oder als Entgleisungen bewerten, als vorübergehende Abweichungen von einem an sich gesunden und richtigen Entwicklungsweg sowohl einer Einzelperson wie auch der Gesellschaft. Ebenso werden esoterisch orientierte Menschen dies alles mit Gleichmut sehen oder auch am besten nicht sehen, um sich nicht solchen belastenden Vorstellungen auszusetzen. Aber auch dann, wenn wir das Glück haben, die Genüsse und Freuden des Lebens reichlich genießen zu können, kommt hin und wieder das Gefühl eines Ungenügens auf, fühlen wir an unerwarteten Stellen plötzlich einen Hunger, den wir noch nicht einmal deutlich benennen können.

> Die Erfüllungen, die wir erfahren in Beruf, Karriere, Beziehungen, Familie, können diesen Hunger nicht stillen [...], er bricht immer wieder auf, oft an ganz unvermuteten Stellen [...] Alles ist gut gelaufen und sieht schön aus, und plötzlich sitzen die Leute da, und fragen sich, warum es nicht mehr schmeckt.[43]

Wenn das Haus fertig ist, langweilt es uns plötzlich. Was zuvor aussah wie das wahre Leben, zeigt sich nun als schal und leer, und wir haben keine Lust, in unsere Zukunft einzutreten, wie Kafka es einmal genannt hat. Nichts von dieser Welt kann diese Leere füllen. Und selbst das Angenommensein durch einen anderen Menschen kann diese Leere nicht dauerhaft und vollständig füllen. Es ist die Leere der Sinnlosigkeit, die nur durch etwas gefüllt werden kann, das größer ist als wir selbst. Solange wir uns mit unserem Ich identifizieren, haben wir Angst vor dem Tod. Was war das? Ich bin nicht ich? Ja wer denn sonst?

2

Die Sache mit der Seele

Dieses Problem lenkt unseren Blick auf unsere Psyche. Sigmund Freud[16] und seine zahllosen Epigonen helfen uns, den Blick auf unsere eigene Psyche, ihre Schichten, ihren Aufbau – ihre Instanzen, wie er es nennt – zu lenken. Wir kommen dadurch in unserem Selbstverständnis ein gutes Stück weiter. Wir werden sensibilisiert für unser Unbewusstes und die Forderungen unserer Triebe, wir verstehen einige unserer sonst rätselhaften Verhaltensweisen, aber wir kommen nicht über uns selbst hinaus, wir bleiben Einzelne. Im besten Falle gelingt es uns, einige der traumatischen Einflüsse der Vergangenheit zu erinnern und in unser bewusstes Ich zu integrieren – aber das legt erst recht die Fragen, vor denen wir stehen, auf den Tisch: Wie sollen wir leben? Was ist wirklich wichtig? Wer bin ich? Wo komme ich her? Für die Freud'sche Psychoanalyse sind diese Fragen irrational und werden nicht betrachtet. Aber sie sind drängend! C. G. Jung[33] hat in seiner analytischen Psychologie den Rahmen etwas weiter abgesteckt.

2.1 Die menschliche Psyche

Neben dem Bewusstsein ist dem Menschen das Unbewusste eigen, beide zusammen nennt Jung das Selbst. Das Unbewusste ist ein Stück Natur, auf dessen Inhalte das Bewusstsein keinen direkten Zugriff hat. Und das sind sehr viele Inhalte, Erinnerungen, Gefühle, Einstellungen. Es ist wie mit der Lufthülle der Erde: Eine dünne, leicht störbare Schicht und darunter die Masse des Gesteins. Das Unbewusste enthält zum Beispiel alles, was wir durch den erzieherischen Einfluss unserer Umwelt aus unserem Bewusstsein verbannt haben. Wenn ein Kind zur Reinlichkeit erzogen worden ist, dann wird es später, wenn es mit Schmutz in Berührung kommt, sich ekeln: Weil die Liebe zum Schmutz nun vom Bewusstsein abgespalten ist. Die Zuneigung zum Schmutz ist etwas, was fast alle Menschen entrüstet von sich weisen. Das Unbewusste enthält aber darüber hinaus alle unterschwelligen Gedanken und Sinneswahrnehmungen, die wegen ihrer Vielzahl und Geringfügigkeit nicht ins Bewusstsein aufgenommen werden. Das Unbewusste ist dabei keineswegs statisch oder untätig, sondern von äußerster Lebendigkeit. Es produziert z. B. ständig Träume. Eine eingehende Analyse zahlreicher Träume hat nun gezeigt, dass neben den persönlichen auch überpersönliche, archaische Inhalte nachweisbar sind. Jung unterscheidet daher ein persönliches Unbewusste von einem überpersönlichen. Dieser überpersönliche Bereich enthält kollektive Bilder, die in ähnlicher Weise bei vielen Völkern vorkommen.

Diese Bilder oder Geschehnisse passen auf Muster, die bei Menschen aus aller Welt, Europäern, Afrikanern und Urvölkern übereinstimmen. Jung hat diese Muster Archetypen genannt.

Der Archetypus stellt also einen unbewussten Inhalt dar. Er ist so abstrakt und unanschaulich, dass er nicht bewusstseinsfähig ist. Der Archetypus ist kein Ding, das man sehen oder anfassen könnte, sondern ein Muster. Wenn er ins Bewusstsein drängt, braucht er Gestalten aus dem Bewusstsein, in die er hineinschlüpfen kann. So kann z. B. die archaische Vorstellung eines Naturdämons auftreten, wie er in der Mythologie als Wotan beschrieben wird. Wenn eine solche Vorstellung im Unbewussten aktiv ist und nicht verstanden wird, kann das zur Besessenheit des betreffenden Menschen führen. Beispiele für Archetypen, die ihre Fremdheit schon ein wenig verloren haben, sind die Elterngeister Anima und Animus, ferner der Schatten, das Selbst, das Gottesbild und der alte Weise.

2.2 Der Archetypus des Selbst

Jung verwendet den Begriff des Selbst, wenn auf die menschliche Ganzheit, also auf das Bewusste und das Unbewusste zusammen Bezug genommen wird. Dieses Ganze lässt sich jedoch nur schwer beschreiben, weil ein Teil niemals das Ganze sehen kann. Nun tauchen in Märchen, Mythen und Träumen Bilder auf, die dieses Ganze darstellen wollen, wie ein Schauspieler seine Rolle spielt. Plötzlich taucht also in einem Menschen etwas auf, das nicht von ihm stammt. Damit es jedoch aus dem Unbewussten auftauchen kann, muss es eine konkrete Gestalt annehmen. Es wird ein Stellvertreter gebraucht, der das Selbst darstellt, also ein Symbol des Selbst ist. Das kann bei einem Menschen Christus, bei einem anderen Buddha oder ein anderes Idol sein. Diese Figuren sind Gestalten, in die der Archetypus des Selbst gleichsam hineingeschlüpft ist. Eine seltsame Faszination haftet ihnen an. Viele Menschen verehren Sänger, Schauspieler oder Sportler als Idole, ja sind ihnen in irrationaler Weise ergeben und für ein Autogramm nehmen sie große Strapazen auf sich.

Christus und Buddha sind die beiden am höchsten entwickelten Symbole des Selbst, aber dennoch enthält das Selbst Gegensätze, die durch Christus oder Buddha nicht vollständig verkörpert werden. In einem praktizierenden Christen, Moslem, Buddhisten oder Taoisten wird der Archetypus des Selbst, wenn er sich in einer Vision meldet, in der Gestalt erscheinen, die dem Menschen vertraut ist, und der Mensch wird dadurch in der Lage sein, diese zunächst erschreckende Erscheinung in den Rahmen seiner Überzeugungen zu stellen. Erbsünde, Sinn und Wert des Leidens sind somit keine sinnlosen Dogmen, sondern Symbole, die Gefühlserfahrungen auslösen können. Damit ist die unheimliche Erfahrung kanalisiert und der Schrecken ist gebändigt. Wenn ein Mensch kein Interpretationsschema hat, dann kann ein solches Auftreten des Archetypus einen Menschen aus der Bahn werfen. Jung empfiehlt hier einen nachdenklichen Gang durch eine psychiatrische Klinik.

2.3 Polarität

Die Geschichte vom »Sündenfall«, also von der Vertreibung des Menschen (Adam und Eva) aus dem Paradies beschreibt symbolisch, dass der Mensch dadurch, dass er Erkenntnis gewinnt, ein Ich ausbildet und damit aus dem Paradies – aus dem kosmischen Bewusstsein – herausfällt und in den Bereich der Vielheit gelangt. Die biblische Geschichte schildert sehr anschaulich, wie durch Erkenntnis die Einheit der Welt in Gegensatzpaare zerfällt und der Mensch damit aus dem paradiesischen Zustand der Einheit in die polare Welt gelangt. Diese Entwicklung ist unausweichlich, wenn der Mensch ein Ich entwickelt. Diese Absonderung von der Einheit – »Sünde« – genannt, bedeutet zwar kein schuldhaftes Verhalten, führt aber zu einem Leben, in dem Unterscheidungen und Entscheidungen getroffen werden müssen, die im Regelfall Kompromisse sind. Auch das ist unvermeidlich. Die Gegensätzlichkeit wird schließlich zu einer Grundeigenschaft des Selbst, die als Polarität bezeichnet wird. Im Grunde ist es so, dass das Sein seine eigenen Gegensätze im Menschen vereinigen will. Mystiker sprechen von der göttlichen Dichotomie[50], was bedeutet, dass Gott selbst gespalten ist, aber sich nach der Erfahrung sehnt, in der Seele jedes Menschen eins zu werden. Deshalb betont das Christentum die Sonderung bzw. Sünde des Menschen von der Einheit und seine Sehnsucht, in die Einheit zurückzukehren, also seine Erlösungsbedürftigkeit. Das weist darauf hin, dass die polaren Gegensätze nach Vereinigung streben. Aus der Tatsache, dass der Eintritt in die Welt der Polarität eine unausweichliche Folge der Bewusstseinsentwicklung des Menschen ist, folgt natürlich unmittelbar, dass »Sünde« nichts mit persönlicher Schuld zu tun hat. Es ist ein Sturz aus dem kosmischen Einheitsbewusstsein in die Welt der Polarität. Wer ein Ich hat, ist von der Einheit abgesondert (»sündig«), ist also immer ein Teil und nicht mehr das Ganze. In der Einheit gibt es keine Vielheit und damit keine Unterscheidung, keine Erkenntnis und kein Ich. Wenn die biblische Geschichte von Adam und Eva und ihrer Vertreibung aus dem Paradies mythologisch verstanden wird und nicht historisch, dann ergibt sie einen Sinn.

Ein ähnliches Ergebnis ergibt sich, wenn wir die Bewusstseinsentwicklung des Menschen betrachten. Durch das Erwachen zum Selbstbewusstsein, wie es im Menschen vollzogen ist, ist die ursprüngliche Unbewusstheit verloren gegangen. Wenn ein Bewusstsein seiner selbst gewahr wird, sich also zum Selbstbewusstsein entwickelt, dann verliert es dadurch das Gewahrsein des größeren Systems, von dem es ein Teil ist. Nun empfindet dieses Selbstbewusstsein seine Intelligenz als die eigene und es beginnt die Illusion der Getrenntheit. Diese Illusion entspricht aber nicht dem im Universum wirksamen Gesetz. Durch die Illusion der Trennung wird auch die Endlichkeit des Lebens ins Bewusstsein gehoben. Der Mensch ist nun nicht mehr eins mit allem, was ist, also mit Gott, sondern gespalten in »Ich« und »Nicht-Ich«. (Ach so? Ist »Gott« der abkürzende Ausdruck für »alles, was ist«? Darüber wird noch zu reden sein.) Damit hat die Entwicklung des Bewusstseins zur Trennung vom Zustand der ursprünglichen Einheit geführt. Wenn der Mensch diese Polarität in sich selbst erkennt, aber genötigt ist, im Dienste der zum Überleben notwendigen Kulturentwicklung Teile seiner selbst ins Unbewusste zu verdrängen, dann beginnt er unter dieser seiner Zerrissenheit zu leiden. Er empfindet sich als erlösungsbedürftig, was eine unausweichliche Bedingung seines Menschseins darstellt. Wir tragen also keine Schuld, aber müssen ständig die Energie aufbringen, aggressive Regungen in der Verdrängung zu halten. Wir tragen die Last der Bewusstheit und haben Sehnsucht nach einer Erlösung von unserem Sosein. Den gleichen Sachverhalt schildert Erich Fromm[18], wenn er davon spricht, dass der Mensch mit der Entwicklung seines Selbstbewusstseins auch die Erfahrung seiner Einsamkeit und Trennung machen muss. Die mit dieser Erfahrung verbundene Angst führt zu dem Wunsch, die Trennung zu beenden.

2.4 Der Archetypus des Gottesbildes

Jung spricht von einem Archetypus des Gottesbildes, aber er meint damit nicht ein übersinnliches Wesen, sondern eine allgemeine innere Erfahrung, die jeder Mensch hat und die also keines Beweises bedarf. Jung erörtert in seinen Büchern nicht die (ziemlich unsinnige) Frage, »ob es einen Gott gibt«. Da hält er sich raus! Er sagt nur: Es gibt im Unbewussten verborgene Muster, die viele Menschen als »Gott« empfinden. Beispielsweise kann Gott auch durch einen starken Affekt erfahren werden, durch einen »heiligen Zorn« oder eine Verliebtheit, die unsere bewussten Absichten durchkreuzt. Diese Aussagen über das Gottesbild enthalten Widersprüche in sich selbst. Das ist kein Fehler, sondern unvermeidlich. Der Archetypus des Gottesbildes drückt sich in logisch unsinnigen Paradoxien aus, für die Jungfrauengeburt, Auferstehung und Himmelfahrt, Abendmahl, Erlösung, Gott und Teufel und die Allgegenwart Gottes Beispiele sind. Diese religiösen Symbole sind ebenso wie Träume spontane Erzeugnisse der unbewussten Seelentätigkeit und erscheinen dann als sinnlos, wenn sie als faktische Darstellungen aufgefasst werden. Im vorwissenschaftlichen Zeitalter wurden die Dinge der Seele durch geheimnisvolle Bilder dargestellt, die heute nur noch ärgerlich sind. Da diese Symbole – also die Produkte der unbewussten Seelentätigkeit – zur Stabilisierung der Seelentätigkeit beitrugen, also heilkräftig waren, sucht sich die Seele nun im Lichte des sogenannten aufgeklärten Verstandes neue Symbole, die z. B. Freiheit, Eigentum, Marktgesetze, Kapitalismus, Fortschritt heißen. Während die seelischen Strukturformen weiterhin wirksam bleiben, ändern sich die manifesten Bilder. Nach einer Reise durch das Deutschland der dreißiger Jahre schrieb C. G. Jung: »Niemand glaubt an Wotan, aber der Wüterich ist überall lebendig!« Obwohl Jung nur solche Aussagen trifft, die sich mit den Methoden seiner Psychoanalyse beweisen lassen, weist er vorsichtshalber darauf hin, dass objektive Aussagen über übergeordnete Systeme nicht möglich sind. Er verdeutlicht das durch die Bemerkung, dass eine Kleidermotte in einem Schrank in Australien einer anderen Kleidermotte nicht beweisen kann, dass es Australien gibt.

2.5 Der Weg zur Ganzheit

Jung weist darauf hin, dass der Mensch noch zu keiner Zeit imstande war, allein mit den Mächten der Unterwelt, also des Unbewussten, fertig zu werden. Das ist eine Einsicht, die uns Heutigen weithin verloren gegangen ist. Wir wohnen in einer hellen Wohnung im ersten Stock und wissen nicht mehr, welche Schätze und welche Scheusale sich im Keller herumtreiben. Wenn die Kellergeister nach oben vordringen, also sich unbewusste Inhalte gewaltsam ins Bewusstsein drängen, dann hat das in einem vorher kultivierten Ich, unserem schönen Wohnzimmer, chaotische Verwüstungen zur Folge. Früher gab es religiöse und magische Bräuche, um sich vor der Bedrohung zu schützen. Das ist nicht so übertrieben, wie es sich zunächst anhört, denn allzu oft geschieht es, dass z. B. jemand plötzlich einen Fremdenhass oder eine Existenzangst entwickelt oder sich so verliebt, dass er seine Emotionen nicht mehr beherrschen kann, oder einer Sucht, wenn nicht einem Verbrechen anheim fällt. Ganz nebenbei finden wir hier eine erste Erklärung für das, was wir »Seele« nennen: Die tiefsten Schichten des Unbewussten, ein unheimlicher Bereich.

Die Erkenntnisse aller Weisheitslehrer stimmen darin überein: Unsere Aufgabe ist es zu erkennen, was wir alles sind, anders gesagt: uns selbst ganz zu erkennen. Jung nennt diesen Weg Individuation. Das Ziel der Individuation ist, das Selbst aus den falschen Hüllen des Scheins (der »Persona«, der äußeren Persönlichkeit) einerseits und aus der Macht unbewusster Bilder andererseits zu befreien. Die Persona wird als eine Maske aufgefasst, durch die wir bei unseren Mitmenschen einen erwünschten Eindruck, z. B. den der bürgerlichen Wohlanständigkeit, erzeugen wollen. Wenn wir das loslassen können und auch nicht mehr unter der Gewalt unbewusster Bilder stehen, uns also die Kellergeister nicht mehr erschrecken, dann haben wir einen Schritt zur Ganzwerdung gemacht, dann sind wir »individueller« geworden. Und das stärkt mich unglaublich, denn kein anderer Mensch kann der Mensch sein, der ich bin!

Die Beiträge der analytischen Psychologie zeigen uns also, dass wir nicht Herr im eigenen Haus sind, sondern dass der Mensch eine vielschichtige Psyche besitzt, der Einflüsse aus archaischer Zeit eingeprägt sind. Dabei wird nicht entschieden, ob diese Einprägungen entwicklungsbedingte Fiktionen sind oder ob ihnen ein Sachverhalt in der äußeren Realität zugrunde liegt. Auf die Sachverhalte in der äußeren Realität wird hier später eingegangen, soweit das möglich ist. Dabei wird sich zeigen, dass wir nicht so genau wissen, was »äußere Realität« bedeutet, und dass naturwissenschaftliche Sätze ebenso mystisch klingen können wie die alten religiösen Bilder. Offenbar lässt sich das, was ist, nicht mit Worten beschreiben.

Zunächst sei jedoch der Blick auf die griechische Tragödie gerichtet, die das Problem des menschlichen Lebensweges und den Weg des Menschen zur Ganzheit bildhaft darstellt.

3 Die griechische Tragödie

Wie ist der Mensch beschaffen?

Die Problematik der menschlichen Existenz, die schon durch die Jung'sche Psychologie beschrieben wird, wird mit ähnlichen Ergebnissen sowohl durch Märchen als auch durch die griechische Mythologie bebildert. Erst die Psychologie gibt uns die Möglichkeit, diese Botschaften zu verstehen und zu benennen. Aber auch dann, wenn wir Märchen und Mythen nur in uns aufnehmen, ohne sie einer rationalen Analyse zu unterziehen, entfalten sie eine heilsame Wirkung für uns. In wunderbarer Weise hat Eugen Drewermann[8] geholfen, Märchen und Mythen für unsere seelische Gesundheit nutzbar zu machen.

Die griechische Mythologie sieht den Menschen weitaus umfassender, als es unserer eingeengten bürgerlich-konventionellen Sichtweise entspricht. Chaos, Wildheit, Rausch und Ekstase werden zugleich zugelassen und in Bahnen gelenkt, sodass der Mensch trotzdem sozialisiert bleibt. Der Mensch wird ermutigt, sich selbst auch das zu erlauben, was er bei den griechischen Göttern vorfindet.

Dethlefsen[7] schildert anschaulich, dass Rausch und Ekstase seelische Erlebnisformen sind, durch die der Mensch seine Ichgrenze überschreitet und mit seinen unbewussten Triebkräften, aber auch mit dem Schattenreich in sich selbst in Kontakt kommt. Unsere Kultur hat eine panische Angst vor diesem Bereich. Das ist das, was verdrängt werden muss. Das soll es nicht geben. Diese Angst ist typisch für eine Kultur, die an ihr eigenes Ich glaubt. Durch diese Angst erscheinen uns die frühen Kulturen barbarisch, primitiv, grauenhaft und gefährlich. Wir scheuen uns davor, uns selbst im tragischen Helden der Tragödie wiederzuerkennen – doch allein darum geht es, wenn die Tragödie ihre heilende Kraft entfalten soll.

Die Akteure der griechischen Tragödie tragen Masken, weil sie nicht Individuen darstellen sollen, sondern stellvertretend für den Menschen stehen, der sich von einer übergeordneten Ebene – der Götterwelt – ganz und gar durchdrungen fühlt und durch den die Stimme des Schicksals oder des Göttlichen hindurch tönt. Damit entfällt auch das Problem der Willensfreiheit und der individuellen Lebensgestaltung. Das menschliche Tun dem eignen Ich zuzuschreiben, ist ein Gedanke, der in der Welt der griechischen Mythologie als Hybris, als Hochmut, dargestellt wird. Stattdessen will die Tragödie eine hintergründige – »göttliche« – Ordnung sichtbar werden lassen, die die menschlichen Schicksale bestimmt. Die griechische Tragödie kennt keine moralische Grundstimmung oder gar Verurteilung. Es wird anerkannt, dass der Mensch ein Ich hat und dass dieses Ich ihn zwingt, Entscheidungen zu treffen. Die Tragödie zeigt an Beispielen, dass diese Entscheidungen den Menschen zwar schuldig machen, aber durch diese Schuld und das damit verbundene Leiden kommt er der Selbsterkenntnis näher. Erich Fromm[17] hat darauf hingewiesen, dass sowohl nach dem alttestamentlichen Mythos von Adam und Eva als auch nach dem griechischen Prometheus-Mythos die gesamte menschliche Zivilisation auf einem Akt des Ungehorsams beruht. Demgegenüber drängt uns die konventionelle Moral ins Kleinsein, zum Gehorsamsein und lehrt uns die ständige Selbstkontrolle. Das aber führt nicht zu einem erfüllten Leben.

Der Ödipus-Mythos erzählt nicht die Lebensgeschichte eines bestimmten Menschen, sondern die Geschichte jedes Menschen. Ödipus ist nicht ein Einzelner, sondern der Mensch schlechthin, der die Strapazen des Weges auf sich nimmt, um sich selbst zu erkennen. Das bedeutet, dass jeder Mann seinen Vater erschlagen muss, um ganz ein selbständiger Mensch zu werden. Ödipus löst das Rätsel der Sphinx, ohne seine eigene Antwort in ihrer vollen Symbolkraft selbst zu verstehen und wird König. Er heiratet »Frau Welt« (Dethlefsen[7]), aber sehr viel später bricht die Pest in seinem Reich aus, weil der Vatermord, den er unwissentlich begangen hat, noch nicht aufgeklärt ist. Solange wir aufgrund unserer Ichabsonderung unseren eigenen Schatten nach außen projizieren, erleben wir statt einer eigenen Entwicklung nur eine schreckliche Welt. Dies ist die Situation des Ödipus, als Theben – seine nach außen projizierte Innenwelt –

von der Pest geplagt wird. Nun geht es an die Aufklärung des damaligen Verbrechens. Der Schatten zwingt den Menschen, sich in eine Richtung zu bewegen, die schließlich zur Schattenintegration, also zur Ganzheit, führt. Ob sich denn auch die Schrecklichkeiten unserer heutigen Welt auflösen könnten, wenn wir bereit wären, unsere dunkle Seite anzuerkennen?

Ein mythologisches Gesamtverständnis

Die Spannung zwischen Leben und Tod, Aufstieg und Untergang, Welt und Ewigkeit, Mensch und Gott begegnet uns auch im christlichen Mythos von Tod und Auferstehung. Deshalb ist auch der christliche Mythos – wenn wir ihn nicht historisch missverstehen – eine Weiterführung der Tragödie. In der Passion, im Tod Jesu und in der Auferstehung könnte der Mensch sich selbst wiederfinden, wenn diese Bilder noch zu ihm sprechen würden und er den Mut aufbrächte, den historischen Abstand aufzugeben. Ebenso kann sich der Zuschauer im tragischen Helden der griechischen Tragödie wiederfinden, wenn er den Mut dazu hat. Die Bilder des Mythos können uns ermutigen, einen Blick in die Tiefe unserer eigenen Schattenwelt zu werfen und das, was uns dort begegnet, in unser bewusstes Leben aufzunehmen, also den Weg zur Ganzheit zu gehen. Drewermann[8] schreibt dazu:

> Das war die Entdeckung der Psychoanalyse,
> dass alles, was man damals gespielt hat in

> Griechenland im 5. Jahrhundert vor Christus, auf der Bühne unserer Seele spielt.

Und: Selbsterkenntnis zu gewinnen, gelingt nur

> durch die persönliche Begegnung einer Liebe, die erlaubt, ehrlich zu werden. Und dafür steht die Person Jesu und alle großen Tragödien der Menschheitsliteratur.

Wenn es uns doch auch möglich wäre, dass alles in uns zusammen käme und die Widersprüche unserer Seele sich vereinten, dann hätten wir die Polarität überwunden. Aber da uns sowohl die griechische als auch die christliche Mythologie nichts mehr sagen, ihre Bilder in uns nur Unwillen und Ablehnung hervorrufen, ist es richtig und notwendig, in eine Welt voranzuschreiten, in der unsere Seelentätigkeit neue und wahrscheinlich abstraktere Vorstellungen erschaffen wird.

Nach Drewermann zeigt uns die Tragödie die Wahrheit unseres menschlichen Daseins. Sie zeigt uns vor allem die Grundtatsache, nämlich unsere Erlösungsbedürftigkeit von der Last der Polarität. Die Aufgabe des Menschen besteht darin, diese Spaltung zu überwinden.

> Und wie beide [– die Leidenschaft und die Klarheit –] nun zusammenkommen, das ist die Aufgabe unseres Lebens. Wir brauchen dazu den Glauben an die Liebe und an die Unsterblichkeit.[8]

Wenn wir schließlich die Frage stellen, wie die Welt, in der wir leben, beschaffen ist, finden wir im Höhlengleichnis von Platon eine interessante und ganz modern anmutende Aussage. Das Gleichnis beschreibt Menschen, die eine Höhle nicht verlassen können und das äußere Geschehen nur als Schatten, die auf eine Wand fallen, erahnen können. Wenn wir diese Situation auf die Situation des Menschen übertragen, sagt das Gleichnis, dass das, was wir in unserer Welt täglich wahrnehmen, nicht das eigentliche Geschehen ist, sondern dass das Wahrgenommene nur ein Abbild, ein Schatten eines anderen, zugrunde liegenden Geschehens ist. Diese zunächst unwahrscheinlich klingende These hat durch die neuere Physik – das ist die Physik nach etwa 1920 – eine überraschende Stärkung erfahren. Das soll uns jetzt beschäftigen.

4 Auf der Suche nach der Realität

4.1 Die Physik nach 1900

Am 14. Dezember 1900 präsentierte Max Planck Ergebnisse von Untersuchungen, die zur Folge hatten, dass die gesamte Naturwissenschaft in ein neues Zeitalter eintrat. Er wollte das nicht und bekannte sich nur widerwillig zu seinen Ergebnissen. Weiterführende Arbeiten offenbarten ein rätselhaftes Verhalten der Natur, das zwar durch Mathematik beschrieben, aber nicht recht verstanden werden konnte. Es wurden neue Gesetze entdeckt, für die es aber im Rahmen der früher geltenden binären Logik keine Erklärungen gibt. Es entstand ein neues Theoriegebäude, die Quantenmechanik, durch die seltsame Phänomene beschrieben und vorhergesagt, aber nicht erklärt werden können. Eine Erklärung für die Gesetzte der Quantenmechanik gibt es nicht und wird es, wie manche glauben, auch nie geben. Obwohl es keine Vorstellungen von einem grundlegenden Mechanismus gibt, aus dem man die Ergebnisse ableiten könnte, werden die Phänomene durch sinnlos erscheinende Spielregeln exakt vorhergesagt. Die Quantenmechanik sagt das Ergebnis eines Experiments exakt voraus, aber weiß nichts darüber, was zwischen dem Anfang und dem Ende des Experiments passiert.

Die beteiligten Physiker waren durch diese Entdeckungen geradezu bestürzt und konnten sie nicht in den Rahmen der bis dahin geltenden Physik einordnen. Erst in der Mitte des 20. Jahrhunderts öffneten sich einige für die philosophischen Konsequenzen dieser Phänomene und es entstand eine schier unübersehbare Fülle an Literatur, die sich an eine breitere Öffentlichkeit wendet und versucht, dieser Öffentlichkeit ein neues Wissenschafts- und Weltverständnis zu vermitteln.[a)] Dabei hat sich gezeigt, dass es in allen Bereichen der Gesellschaft erhebliche Widerstände gegen die Konsequenzen gibt, die sich aus den wissenschaftlichen Befunden ergeben. Die im Allgemeinen zu beobachtende Abfolge solcher Reaktionen hat schon Gandhi durch sein Bonmot »Zuerst ignorieren sie dich, dann lachen sie über dich, dann bekämpfen sie dich und dann gewinnst du.« beschrieben. Die breite Öffentlichkeit ist gegenwärtig noch in der Phase des Ignorierens: Sie hält an der alten, materialistischen Weltanschauung fest, hält allein die binäre Logik für richtig, versteht die von den Religionen verkündeten Lehrsätze historisch – was ihre Unsinnigkeit offenbart – und verschließt die Augen vor allen Erscheinungen, die nicht in das sogenannte aufgeklärte Weltbild passen. Diese Haltung lässt deutlich erkennen, dass ein Loslassen der früheren Wahrheiten Angst erzeugt. Nach wie vor geht man weiterhin davon

a) 1,3,4,5,9,10,11,13,14,21,26,27,28,31,38,41,53,55

aus, dass Naturwissenschaft und im weitesten Sinne Übersinnliches unversöhnliche Gegensätze sind. Das sind sichere Positionen, die niemand ohne Not gern aufgibt. Und in der Tat ist der Übergang zur Wahrheit der heutigen Physik ein Sprung in ein neues Universum. Dass es auch unter den Fachleuten heftige Diskussionen um das Verhältnis von Naturwissenschaft und Glaube gab, veranschaulicht eine von Heisenberg berichtete Anekdote: Heisenberg, Pauli und Dirac diskutierten am Rande der sogenannten Solvay-Konferenz 1927 in Brüssel über das Verhältnis der Naturwissenschaft zur Religion. Während Heisenberg und Pauli Verständnis für die Haltung Einsteins zeigten, für den eine zentrale Ordnung sowohl zum subjektiven wie zum objektiven Bereich gehörte, vertrat Dirac völlig uneinsichtig eine Haltung, die die unerklärlichen Zusammenhänge leugnete. Nach einer langen Diskussion beendete Pauli die Debatte mit den Worten: »Unser Freund Dirac hat eine Religion; und der Leitsatz dieser Religion lautet: Es gibt keinen Gott, und Dirac ist sein Prophet.«

Die folgenden Abschnitte wollen zeigen, wie spannend und neuartig-schön das neue Weltbild ist. Im Rahmen dieser Schrift ist es unausweichlich, sich auf die Berichte namhafter Physiker zu stützen, also auf das, was Menschen berichten, die den mathematischen Hintergrund verstanden haben. Ein solches Verständnis ist nicht billig zu haben, es lässt sich nicht durch eine gut lesbare Schilderung erreichen, sondern es erfordert auch bei guten intellektuellen Voraussetzungen in der Regel einige Jahre angestrengten Trainings. Dies bedeutet, dass die Erkenntnisse, auf die sich die neue Weltsicht stützt, hier nicht gründlich dargestellt werden können – sie bleiben der breiten Öffentlichkeit verschlossen und wir sind darauf angewiesen, diejenigen anzuhören, die mit den Einzelheiten vertraut sind. Um aber ein Mindestmaß an Anschauung zu gewinnen, soll versucht werden, ein einziges Experiment mit den Worten der Alltagssprache zu beschreiben.

Ein Doppelspalt – Experiment

Die folgende Beschreibung versucht, ein Gedanken-Experiment von Feynman nachzuerzählen.[14]

Eine Quelle emittiert Elektronen, die auf einen für sie undurchdringlichen Schirm treffen. In diesem Schirm sind zwei sehr nahe beieinander liegende – hier verbergen sich erhebliche instrumentelle Probleme – Spalten. Hinter dem Schirm werden die ankommenden Elektronen registriert. Immer dann, wenn nur eine dieser Spalten geöffnet ist, registriert man an der Stelle genau hinter dem offenen Spalt die meisten Elektronen. Offenbar verhalten sich hier die Elektronen erwartungsgemäß wie Partikel. Wenn jedoch beide Spalten geöffnet sind, bildet sich ein wellenförmiges Intensitätsmuster, also ein Interferenzmuster hinter dem Schirm aus – die Elektronen verhalten sich wie eine Welle. Dieses Muster kann auch dadurch beobachtet werden, dass man einen Teilchen-Zähler verschiebt. Man findet dann unterschiedliche Zählraten an verschiedenen Positionen und diese bilden, graphisch aufgetragen, wieder das

Wellenmuster ab. Bemerkenswert ist, dass es einige Stellen gibt, an denen nur sehr wenige Elektronen eintreffen, wenn beide Spalten offen sind, wo aber viele Elektronen ankommen, wenn ein Spalt geschlossen ist. Natürlich möchte man untersuchen, durch welchen Spalt ein Elektron fliegt, das zur Interferenz beiträgt. Dies erweist sich als unmöglich. Jede Messanordnung, die entsprechende Informationen liefert, führt dazu, dass keine Interferenz eintritt und die Elektronen sich wie einzelne, unverbundene Partikel verhalten. Auch in anderen Messanordnungen, die so sind, dass der Weg, den ein Partikel nimmt, bekannt ist, tritt keine Interferenz auf; es sei denn, eine gewonnene Information wird wieder gelöscht. Eine mögliche Erklärung besteht darin zu sagen, dass ein Elektron durch beide Schlitze tritt, aber nur als Möglichkeit, nicht als ein reales Elektron. Offenbar wird das Verhalten des Elektrons durch Möglichkeitswellen – die Wellenfunktion – gesteuert. Hinter dem Spalt interferieren die beiden Möglichkeitswellen miteinander und auf dem Schirm zeigt sich ein Interferenzmuster, das die Wellenfunktion aufhebt. Die Beobachtung löscht also die beiden Möglichkeiten zugunsten der Realität aus. Das Vorhandensein von Information ist offenbar für den physikalischen Ablauf bedeutsam.[41] Aus diesen und zahlreichen anderen Experimenten geht hervor:

1. Die gewählte Versuchsanordnung entscheidet darüber, ob sich eine Strahlung als aus Partikeln bestehend oder als Welle darstellt.
2. Das Vorhandensein von Information über den Weg, den ein »Wasauchimmer« genommen hat,

verändert das Versuchsergebnis. Dies ist nicht durch die Störung des Ablaufs durch das Messgerät bedingt, denn eine Beobachtung und die anschließende Löschung der Information bewirkt keine Störung. Aufregend: Auch dann, wenn die ursprünglich gewonnene Information erst nach der Beobachtung des Interferenzmusters gelöscht wird, bleibt das Interferenzmuster bestehen!

3. Elementarteilchen, die aus einer Reaktion hervorgegangen sind, sind miteinander verbunden oder verschränkt, sodass der Zustand eines der Teilchen bekannt ist, wenn am eventuell weit entfernten anderen Teilchen eine Beobachtung vorgenommen wird.

Kausalität

Wir wissen genau, wie viele der Atome eines instabilen Isotops innerhalb eines längeren Zeitraums zerfallen werden, aber über ein einzelnes »individuelles« Atom kann man nichts sagen – heute nicht und niemals. Für kleine Teilchen gibt es also keinen Determinismus, wohl aber eine Wahrscheinlichkeit für auftretende Prozesse. Das ist keine Lücke im heutigen Wissen, sondern eine Lücke der Determinierung der Kausalität. Deshalb hat Heisenberg festgestellt, dass die Quantenphysik eine definitive Widerlegung des Kausalitätsprinzips erbracht hat. »Das ganze Gewimmel der Elementarteilchen ist ein sprunghaftes, ursachloses Chaos«.[31]

4.2 Komplementarität

Niels Bohr (1885–1962) führte zum Verständnis der Welle-Partikel-Dualität der Elementarteilchen den Begriff der Komplementarität ein. Er bedeutet, dass für die volle Beschreibung der Wirklichkeit zwei sich widersprechende koexistierende Zustände angenommen werden müssen. Hierbei enthält jeder Zustand auch einen Teil des anderen Zustands. Bohr war davon überzeugt, dass komplementäre Begriffspaare, wie z. B. die chinesischen Prinzipien Yin und Yang, die Wirklichkeit definieren.[38] Einige Physiker, darunter Wolfgang Pauli, nahmen die Herausforderung an und versuchten, die Komplementarität zwischen rationalem Vorgehen und irrationalen Haltungen physikalisch zu verstehen. Pauli kam schließlich zu der Vermutung, dass die mathematische Wahrscheinlichkeit einen Archetypus ausdrückt. Er hielt es für angemessen und nötig, die östliche Mystik bei der Erkenntnisfindung zu beteiligen und forderte, dass beides zusammengebracht werde, »die kritisch-rationale und die mystisch-irrationale, die das erlösende Einheitserlebnis suchende Grundhaltung« (zit. nach Miller[38], 2009).

Heisenberg[27] hat die Zustände des Seins bzw. Nicht-Seins komplementär betrachtet und festgestellt, dass den Elementarteilchen »noch nicht einmal die Eigenschaft des Seins uneingeschränkt zugesprochen werden kann«. Demnach ist es nicht ganz ausgemacht, ob es die Welt gibt? Das mag jeder für sich entscheiden.

Die logische Widersprüchlichkeit besteht jedoch nur dann, wenn die alltäglichen Vorstellungen über unsere Umwelt, beschrieben durch die Alltagssprache, benutzt werden. Die Physiker haben durch Mathematik Möglichkeiten gefunden, Wahrheiten auszudrücken, die die natürliche Sprache nicht mehr ausdrücken kann.

Komplementäres Denken hat weitreichende Konsequenzen in der Philosophie und im Miteinander der Völker. Auch religiöse Fragen sollten komplementär auf der Basis der analytischen Psychologie, der Naturwissenschaft oder der Mystik diskutiert werden. Jeder dieser Erkenntniswege offenbart einen Teil des Problems, aber keiner ist allein erschöpfend. Ganz in diesem Sinne stellt Heisenberg[27] fest, dass es drei Quellen der göttlichen Offenbarung gibt:

1. Die heiligen Schriften
2. Die direkte mystische Gotteserfahrung
3. Die Natur(wissenschaft)

Wenn wir die Komplemantarität leugnen, führt das eigene Denken zu einem scheinbar absoluten Ergebnis, wodurch andere Annäherungen als »falsch« erscheinen. Sich in eine festgelegte Richtung zu bewegen, nur auf ein einziges Ziel hin, bedeutet, andere Anschauungen zu ignorieren und damit zu erklären, dass es nichts mehr zu lernen gibt. Eine solche starre Haltung ist nicht nur unproduktiv, sondern führt auch zu dauerhaften Konflikten.

Angewandte Komplementarität erzeugt ein merkwürdiges Gefühl wie leichter Schwindel und Verlust der Orientierung. Wir betreten eine Zauberwelt, wie sie in »Alice im Wunderland« oder in »Harry Potter« anklingt. Uns begegnen zwei unterschiedliche Darstellungen und wieder wird die Frage abgewiesen, wie es nun »wirklich« sei. Von Niels Bohr ist (in mehreren Varianten) eine Anekdote überliefert, die das anschaulich macht:

> In der Nähe unseres Ferienhauses in Tisvilde wohnt ein Mann, der hat über der Eingangstür seines Hauses ein Hufeisen angebracht, das nach einem alten Volksglauben Glück bringen soll. Als ein Bekannter ihn fragte: »Aber bist du denn so abergläubisch? Glaubst du wirklich, dass das Hufeisen dir Glück bringt?«, antwortete er: »Natürlich nicht; aber man sagt doch, dass es auch dann hilft, wenn man nicht daran glaubt.«[3]

4.3 Das Gespensterfeld

Diese Bezeichnung stammt von Einstein. Die Quantentheorie beschreibt Ereignisse auf der Mikroskala durch eine mathematische Funktion, deren Gestalt zeigt, dass es sich um Schwingungen handelt, die sich als Welle ausbreiten. Diese Welle überträgt im Gegensatz zu den sonst bekannten Wellen keine Energie, aber das Quadrat ihrer Amplitude gibt die Wahrscheinlichkeit für die Anwesenheit eines Quantensystems an einem Ort an.[28] Mathematisch wird diese Funktion genauso behandelt wie jede andere Wellengleichung. Die Welle selbst ist nicht nachweisbar, sie ist reine Fiktion – daher Einsteins

Namensgebung – , aber die Vorhersagen, die sie ermöglicht, treffen exakt zu. In der gesamten Geschichte der Quantentheorie ist bislang nicht eine einzige Fehlprognose gefunden worden. Nachdem eine Beobachtung gemacht worden ist, verliert die Wellenfunktion ihren Sinn, weil Wahrscheinlichkeitsaussagen über Ereignisse der Vergangenheit sinnlos sind. Beispiel: Wie groß ist die Wahrscheinlichkeit dafür, dass Du angefangen hast, diesen Text zu lesen?

Bohr[3] betont ausdrücklich, dass der mathematische Formalismus, der atomare Phänomene beschreibt, keine anschauliche Beschreibung in gewohntem Sinne gestattet, sondern »nur« Beziehungen zwischen Beobachtungen herstellt. Mit Hilfe der Schrödinger-Gleichung oder der Matritzenmechanik von Heisenberg sind zutreffende Voraussagen über das Ergebnis entsprechender Experimente möglich, aber was zwischen dem Beginn und dem Ende eines Experiments passiert, bleibt unbekannt. Für die theoretische Behandlung von Quantenphänomenen gibt es mehrere, voneinander verschiedene Formalismen, aber keiner von ihnen gibt Aufschluss über die ablaufenden Vorgänge.

4.4 Alles ist mit allem verbunden: Die Verschränkung

Das Prinzip der Lokalität besagt, dass nur lokale Ereignisse oder Bedingungen einen physikalischen Vorgang beeinflussen können. Das Vorhandensein von Feldern, wie sie die klassische Physik (Gravitationsfeld, elektromagnetisches Feld) kennt, gilt dabei als ein lokaler Zustand. Nicht-lokale Wirkungen werden nicht durch Felder übermittelt und sind a) in beliebigen Entfernungen und b) augenblicklich, d. h. ohne Zeitverzögerung wirksam. Theoretische Untersuchungen von Bell haben nun zu folgenden Alternativen geführt:

(A) Es gibt für jede Wirkung eine Ursache am Ort der Wirkung. (Das ist das, was der unbescholtene Bürger normalerweise für richtig hält.) Diese Annahme ist nicht mit der Quantenmechanik vereinbar, d. h. wenn sie zutrifft, ist die Quantenphysik falsch.

(B) Die Welt ist nicht-lokal – wir könnten auch sagen »gespenstisch« – und die Quantenmechanik richtig.

Da es bisher nicht gelungen ist, auch nur in einem einzigen Fall ein Versagen der Quantenmechanik experimentell festzustellen, muss angenommen werden, dass die Theorie richtig ist und wir in einer nicht-lokalen Welt leben. Dies beeinflusst das Selbstverständnis jedes Menschen nachhaltig, der diesen Gedanken zulässt.

Es gibt miteinander verschränkte Quanten, über die die Theorie sagt, dass sie sich korreliert verhalten. Experimentell wurde nachgewiesen, dass Elementarteilchen, die aus derselben nuklearen Umwandlung hervorgegangen sind, miteinander durch augenblickliche Wechselwirkungen verbunden sind.[1] Dies bedeutet z. B., dass der Zustand eines der Quanten beobachtet werden kann, indem am ggf. weit entfernten Zwillingsteilchen eine Messung vorgenommen wird.

Die Experimentatoren haben diese Herausforderung angenommen und zahlreiche Experimente zur Prüfung dieser theoretischen Überlegungen durchgeführt. Ein berühmtes Experiment stammt von Aspect. Er richtete Zwillings-Partikel, die also miteinander korreliert waren, in entgegengesetzte Richtungen und die Manipulation eines dieser Partikel hatte in Übereinstimmung mit der Theorie eine verzögerungslose Wirkung auf das andere Teilchen. Viele Physiker begnügen sich mit der Feststellung, dass es so ist. Einige erklären das Phänomen, indem sie behaupten, dass es nur ein Teilchen gibt, das sich jedoch zur gleichen Zeit an zwei unterschiedlichen Orten befindet.

Die Bedeutung dieser Verschränkung liegt darin, dass alle heute existierenden Elementarteilchen bzw. Quantensysteme bzw. »Wirks« (Dürr) aus kosmischen nuklearen Prozessen hervorgegangen sind. Auch die Atome der menschlichen DNA nehmen am kosmischen Informationsaustausch teil! Die Verbindung zwischen den Zwillingsteilchen kann jedoch aufgelöst werden, indem einem Beobachter eine Information darüber zugänglich ist, indem z. B. eine Messung/Beobachtung vorgenommen wird. Vor der Beobachtung existiert das zu beobachtende System nur als Möglichkeit, die erst durch die Beobachtung zur Realität wird. Dadurch wird »Information« zu einer Größe, die das Weltgeschehen wirksam beeinflusst. Die beschriebene »Verschränkung« kann sowohl örtlich als auch zeitlich gegeben sein. Solange ein in der sogenannten »Vergangenheit« abgelaufener Vorgang noch nicht beobachtet wurde, kann er auch in der sogenannten »Gegenwart« unbegreiflicherweise noch verändert werden.[21] Die zeitliche Verschränkung kann als ein Ansatz zum Verständnis der Reinkarnation angesehen werden.

Weil in dem Universum, in dem wir leben, alles mit allem durch augenblickliche Wechselwirkungen miteinander verbunden ist, ist das Universum also nicht eine Ansammlung Newton'scher Körper, sondern ein kompliziertes Gewebe zwischen den Teilen eines vereinigten Ganzen. Das Universum ist offenbar etwas, was in der Biologie als eine »primäre Ganzheit« bezeichnet wird.

Eine Parabel

Dies alles erscheint dermaßen verwunderlich, dass es durch eine Parabel verdeutlicht werden soll: Hans und Lisa betreten in Hannover einen Spielzeugladen und kaufen sich eine Box mit zwei Spielwürfeln. Jeder von den beiden nimmt einen Würfel. Hans fährt damit nach Köln und Lisa nach Berlin. Am Abend telefonieren sie miteinander. Hans würfelt beim Telefonieren und erhält eine drei. Lisa tut in Berlin dasselbe und würfelt merkwürdigerweise auch eine drei. Danach würfeln beide eine sechs, dann eine eins: Sie würfeln immer die gleiche Zahl. Auf Nachfragen bei den Physik-Weisen bekommen sie zur Antwort, dass sie nur einen Würfel haben, nicht zwei, dass sich aber dieser eine Würfel an zwei verschiedenen Orten befindet. Eines Tages erfahren ihre abendlichen Würfelspiele eine Änderung: Die Verschränkung hat aufgehört und jeder würfelt eine andere Zahl. Die beiden forschen wieder nach und es ergibt sich, dass ihr Telefon von einem Sicherheitsdienst abgehört wurde.

Bewusstsein als Grund des Seins

Wenn Quanten-Objekte durch nicht-lokale Wirkungen miteinander verbunden sind, dann folgt daraus nach Goswami, dass die Wahrscheinlichkeitswellen der Quantenprozesse in einem Bereich angesiedelt sind, der Raum und Zeit transzendiert; »wir nennen ihn den Bereich der transzendenten Potentialität, um einen Ausdruck von Aristoteles zu benutzen, den schon Werner Heisenberg übernommen hat.«[21] Goswami fragt: »Wenn zwei sehr weit voneinander entfernte Photonen streng korreliert sind, wie kann zwischen ihnen eine Signalübertragung stattfinden?« Und er antwortet darauf: »Sie sind durch einen nicht-lokalen Bewusstseins-Bereich miteinander verbunden, der Raum und Zeit transzendiert.« Und weiter:

> Die moderne Wissenschaft fühlt sich zu der Vorstellung gedrängt, dass es nur eine Wesenheit gibt, aus der die Realität besteht. Die Paradoxa und Anomalien der Quantenphysik können aufgelöst werden, wenn wir Wissenschaft auf die metaphysische Annahme gründen, dass Bewusstsein, nicht Materie, der Grund allen Seins ist. [...] Das neue Paradigma beinhaltet einen Monismus, der sich auf den Vorrang des Bewusstsein gründet

> und beinhaltet, dass Bewusstsein, nicht Materie, der Grund allen Seins ist. Die ganze Welt der Erfahrung, auch der materiellen Erfahrung, ist die materielle Manifestation transzendenter Formen des Bewusstseins.

Dies bedeutet, dass das kosmische Bewusstsein kein Bestandteil der Raumzeit ist, also nicht durch physikalische Entfernung behindert wird. Goswami ist vielleicht einer der ersten Physiker, die zu so einem radikalen Paradigmenwechsel in der Naturwissenschaft bereit sind.

4.5 Das universelle Informationsfeld

Der Bereich, den Goswami den Bereich der »transzendenten Potentialität« nennt, wird von mehren Physikern mit abweichenden Begriffen benannt.

Nach Warnke[53] sind Menschen keine in sich abgeschlossene Individuen, sondern stehen in dauernder Verbindung mit einer »Interwelt«. Warnke versteht darunter ein immaterielles, transzendentes Informationsfeld, in dem Zeit und Raum keine Gültigkeit haben. Aus Nahtoderfahrungen, parapsychologischen »spukhaften« Erscheinungen und neurophysiologischen Gesetzmäßigkeiten leitet er ab, dass das normale Wachbewusstsein nur ein Teil des vollen Bewusstseins ist. Das volle Bewusstsein hat unbeschränkten Zugriff auf die Inhalte der Interwelt, die unendlich und ewig ist. Im Wachzustand gibt es jedoch keinen bewussten Austausch mit der Interwelt. Warnke versucht, aus telepathischen Beobachtungen, z. B. der experimentell festgestellten willkürlichen Beeinflussbarkeit der Zerfallsrate von Americium (241Am), aus übersinnlichen Wahrnehmungen und einer großen Zahl paranormaler Phänomene die Funktionen der Interwelt zu erraten. Diese Funktionen, die Warnke der Interwelt zuschreibt, legen die Vermutung nahe, dass es sich bei der von ihm benannten »Interwelt« um den oben erwähnten nicht-lokalen Bewusstseins-Bereich handelt.[21]

In diesem Zusammenhang ist es interessant, dass die beiden Neurologen Eccles und Popper schon im Jahre 1982[53] geschrieben haben: »der sich seiner selbst bewusste Geist muss als etwas vom Gehirn Getrenntes aufgefasst werden.« Auch nach Stanislav Grof[22] ist das Gehirn ein Empfänger, aber nicht der Sitz des Bewusstseins. Viele der in den genannten Quellen geschilderten Beispiele demonstrieren überzeugend die »Unzerstörbarkeit von Geist, Bewusstsein und Seele.« Die Existenz einer Interwelt ist nicht bewiesen und vielleicht ist sie auch nicht beweisbar. Aber durch die Ergebnisse der Quantenphysik erscheint sie plausibel. Insgesamt ergibt sich aus den Befunden der Quantenphysik die Anschauung, dass Raum und Zeit wie auch die materiellen Körper, die im Raum erscheinen, Manifestationen einer tieferen Realität jenseits von Raum und Zeit sind. Diese tiefere Realität wird als einheitliches Feld oder kosmisches Plenum bezeichnet und enthält alle Felder und Kräfte und Massen, die in der Raumzeit erscheinen.

Ervin Laszlo[35] hat darauf hingewiesen, dass ein solches Konzept in der Geschichte des Denkens nicht neu ist. Er hat den Begriff »Akasha« aus dem Sanskrit übernommen, um damit eine Anschauung zu bezeichnen, in der das Bewusstsein das Grundelement darstellt. Akasha ist nicht Teil der physikalischen Raumzeit. Wir sollen es uns als einen Algorithmus vorstellen, der die Raumzeit und alles in ihr gestaltet. In diesem Konzept ist das menschliche Bewusstsein eine holographische Manifestation des kosmischen Bewusstseins.

4.6 Paranormale Ereignisse

In der oben zitierten Literatur und anderswo, z. B. bei Kübler-Ross, wird über eine Fülle von paranormalen Phänomenen berichtet – Nahtoderfahrungen, Telekinese, Vorausahnungen, Reinkarnation. Und sogar Zink[56] berichtet von einem selbst erlebten Fall einer solchen Vorausahnung. Wenn auch nur ein einziger dieser Fälle der Wahrheit entspricht, dann beweist das, dass es ein Bewusstsein außerhalb des betreffenden Menschen gibt. Diese Phänomene lassen sich nicht mehr leugnen. Da das Wissen darum besonders in den Kreisen der Bevölkerung, die weniger wissenschaftsorientiert sind, schon immer verbreitet war, haben die Kirchen versucht, diese unbequemen Tatsachen der Verdrängung anheim fallen zu lassen, indem das Störende als »teuflisch« abqualifiziert wurde. Durch die Empfehlung, sich mit diesem Bereich lieber nicht zu beschäftigen, unterblieb eine breite intellektuelle Aufarbeitung der paranormalen Erscheinungen. Lediglich an einigen wenigen Stellen, so z. B. in einem russischen Institut, wurden paranormale Erscheinungen schon früh zur Kenntnis genommen und systematisch untersucht.

Ervin Laszlo und Anthony Peake haben nach sorgfältiger Recherche eine große Anzahl von gründlich geprüften Fällen von paranormalen Ereignissen zusammengestellt.[35] Es handelt sich um todesnahe Erfahrungen, Erscheinungen Verstorbener und der Kommunikation mit ihnen, technisch unterstützte Transkommunikation, Erinnerungen aus vergangenen Leben und andere Beobachtungen im Zusammenhang mit Reinkarnation. Aus allen Beobachtungen muss die Schlussfolgerung gezogen werden, dass Bewusstsein außerhalb und in Abwesenheit eines funktionsfähigen Gehirns existent ist. Die überzeugendsten Fälle sind Berichte, in denen Menschen Informationen wiedergegeben haben, die weder sie selbst noch Menschen ihrer Umgebung auf »normalem« Wege erlangt haben können, oder Fälle, in denen Menschen unerwartet fremde, oft veraltete Sprachen beherrschten und benutzten. Da mit solchen Berichten eine seltsame Erregung verbunden ist, liegt der Gedanke an Betrug und Täuschung nahe. Es scheint jedoch eine gewisse Menge solcher Beobachtungen zu geben, in denen Betrug ausgeschlossen ist. Ja, wenn es auch nur einen einzigen solchen Fall gäbe, würde das die prinzipielle Existenz eines außerkörperlichen Bewusstseins zeigen. Wenn das Bewusstsein auch nur einer einzigen Person mit dem Tod dieser Person nicht verschwindet, sondern einer lebenden Person zugänglich ist, so ist damit empirisch belegt, dass das Bewusstsein unabhängig von einem funktionsfähigen Gehirn existent sein kann. Ein sogenannter »normaler«, vernunftbegabter, realistischer und gesunder Mensch wehrt sich mit aller Kraft dagegen, solche Ereignisse als real zu akzeptieren. Ein so drastisches Überschreiten der uns gewohnten Logik und der uns bekannten Welt erscheint uns nahezu unerträglich und würde, wenn wir zur Akzeptanz gezwungen würden, unsere normale Lebenseinstellung aufs Empfindlichste stören.

Es muss jedoch anerkannt werden, dass auch die am unwahrscheinlichsten klingenden Berichte nicht durch naturwissenschaftliche Argumente entkräftet werden können. Es scheint nun gerade die Aufgabe eines aufgeklärten Zeitgenossen zu sein, die früher gegebenen Beschränkungen durch die klassische Physik loszulassen und eine Lebenseinstellung einzuüben, die die Möglichkeit von Grenzüberschreitungen im Bewusstsein hat, ja sich daran gewöhnt, mit offenen Grenzen zu leben.

4.7 Reinkarnation

Der Gedanke, dass ein Ich mehrere irdische Leben durchläuft, erscheint eigentlich nur Europäern und Amerikanern schreckhaft und ungewohnt. Für den größten Teil der Menschheit sind das bekannte Vorstellungen. Die Existenz der Reinkarnation ist durch Beobachtungen so gut dokumentiert, dass kaum Zweifel möglich sind.[48,35] Auch im Neuen Testament begegnet uns Reinkarnation als das Selbstverständliche. Im Johannes-Evangelium (Joh. 3,9-11) heißt es z. B.: »Wundere dich nicht, dass ich dir sagte: Es ist nötig, dass du wiederholt geboren wirst! Du, du bist ein Meister Israels! Und du? Du weißt das nicht? Ich! Ich sage dir: Ich rede von dem, was ich weiß; Und ich bezeuge das, was ich gesehen habe.« Sollte Jesus diese Worte nicht selbst gesagt haben, so zeigen sie dennoch, was Johannes damals für richtig hielt. Origines, einer der frühen Lehrer der Christenheit, diskutierte die Reinkarnation in seinen Schriften. Diese Lehren wurden in einem Edikt aus dem Jahre 543 durch Kaiser Justitian verdammt, und in der Folgezeit wurden alle die Reinkarnation betreffenden schriftlichen Quellen sorgfältig gelöscht. Bis heute beharren die christlichen Kirchen und in ihrem Gefolge die Mehrheit der Öffentlichkeit auf den machtpolitisch motivierten Entscheidungen der Kaiser Konstantin und Justitian.

Der Physiker Amit Goswami hat die Reinkarnation aus seiner Sicht dargestellt.[21] Der Tod, so führt er aus, sei eine wundervolle Möglichkeit zur Befreiung von unserem Ego oder zumindest eine Möglichkeit, auf unsere gesamte Reihe von Inkarnationen durch ein nichtlokales Fenster zu blicken. Der physische Körper stirbt mit allen seinen klassischen Erinnerungen. Aber der subtile Körper hat keine Struktur, die sterben könnte. Wenn wir sterben, legen wir nur den physischen Körper ab; unsere subtilen Körper überleben. In dem Bereich, in dem wir jetzt leben, erscheinen die Inkarnationen eines Lebens getrennt. Aber hinter dieser Szene, im Bereich des transzendenten Bewusstseins, sind sie durch die Quanten-Nichtlokalität verbunden. Die Idee eines nicht-lokalen Fensters, durch das die Vergangenheit, die Gegenwart und zukünftige Inkarnationen miteinander verbunden sind und das sich z. B. im Augenblick des Todes öffnet, wird dadurch gerechtfertigt, dass es nur ein Bewusstsein gibt. Auch Schrödinger hat sich zu der Auffassung bekannt, dass es Bewusstsein nur in der Einzahl gibt. »Die Gesamtzahl aller Bewusstheiten ist immer bloß eins.« Das bedeutet, dass dieses nicht-lokale Fenster für jeden offen ist, der das zu sehen in der Lage ist.

Goswamis Auffassungen gehen davon aus, dass es sowohl »klassische«, also im physischen Körper gespeicherte, Erinnerungen gibt als auch ein sogenanntes »Quantengedächtnis«. Es ist eine bekannte Eigenschaft des Gedächtnisses, dass jedes Erinnern die Wahrscheinlichkeit zukünftigen Erinnerns des gleichen Inhalts verstärkt – das ist das, was wir gemeinhin unter »Lernen« verstehen. Allerdings entsteht diese Tendenz nicht durch das Gedächtnis selbst, sondern aus der Vorliebe für die Möglichkeiten, die wir in der Vergangenheit gewählt haben. Durch diese Konditionierung verschieben sich die Wahrscheinlichkeitsverteilungen des transzendenten Bewusstseins und führen zu einem »Quantengedächtnis«, eine Verschiebung, die jedoch nicht im physischen Gedächtnis aufgezeichnet ist. Das Quantengedächtnis ist im Nichts aufgezeichnet – nirgends. Nach den Vorstellungen von Goswami gibt es einen geistigen Bereich, den er die Monade nennt, der unsere einzelnen Inkarnationen verbindet und spezifische Inhalte einzelner Inkarnationen vermittelt.

Durch den Gedanken der Reinkarnation ergibt sich eine Antwort auf die Frage nach dem Sinn eines menschlichen Lebens. Der wiederholte Lebensvollzug macht es möglich, durch die unvermeidlich auftretenden Konflikte praktische Erfahrungen zu machen, die sonst nicht möglich wären.

4.8 Die Welt ist nicht so, wie sie uns erscheint

Die genannten Aspekte der Naturwissenschaft lassen sich etwa durch folgende Sätze zusammenfassen:

1. Die Welt lässt sich mit den unseren Sinnen zugänglichen Vorstellungen und der daraus abgeleiteten Sprache nicht widerspruchsfrei beschreiben. Insbesondere lässt sich die Wirklichkeit nicht mit unseren natürlichen Sprachen beschreiben. »Auch die Wissenschaft spricht nur in Gleichnissen«.[9] Die Wirklichkeit ist nicht das, was wir wahrnehmen, insbesondere ist sie nicht identisch mit der materiellen Realität.
2. Es gibt keine letzten materiellen Bestandteile der Realität. Materie besteht nicht aus Materie, sondern die Grundbausteine der Materie sind mathematische Formen. Also sind Geist und Materie dieselbe Realität.
3. Wir leben in einem Universum, in dem alles mit allem durch augenblickliche Wechselwirkungen verbunden ist. Es gibt Wirkungen ohne Ursache am Ort der Wirkung. Eine im klassischen Sinne kausale Determiniertheit der Einzelereignisse gibt es nicht.

4. Das Vorhandensein von Information verändert den physikalischen Ablauf. Das heißt auch: Erst durch die Beobachtung entsteht das Beobachtete. Vor der Beobachtung müssen wir eine im Raum vorhandene Wahrscheinlichkeitswelle bzw. ein Feld von Möglichkeiten annehmen. Diese Welle erweist sich als berechenbar, aber sie ist nicht beobachtbar.
5. Zwischen den Sätzen der Naturwissenschaft und der Religion besteht Komplementarität im Sinne von Niels Bohr. Dies bedeutet, dass verschiedene, nach der binären Logik widersprüchliche Aussagen beide wahr sind. Koexistierende Zustände sind nicht »verschiedene« Zustände, weil jeder Zustand auch einen Teil des anderen Zustands enthält.
6. Die Zukunft ist offen und die Schöpfung ist nicht abgeschlossen. Das Erwartungsfeld (Gespensterfeld, Informationsfeld, der Bereich der transzendenten Potentialität) hat Wellencharakter. Der Kosmos ist nicht determiniert, aber gestaltet. Es gibt Differenzierung und kooperative Evolution. »Was zukünftig geschieht, ist das Ergebnis einer Überlagerung vieler ausgebreiteter, wellenartiger Erwartungsfelder [...] Das (Erwartungsfeld) ist kein Energiefeld, sondern ein über die ganze Welt ausgedehntes (nicht an den drei-dimensionalen Raum gebundenes), grenzenloses Informationsfeld«.[9]
7. Auch kleinste Einflüsse auf der Skala der Quantensysteme können in der Makro-Welt auf Grund

chaotischen Systemverhaltens große, unvorhersagbare Wirkungen haben.

Nach diesen Feststellungen ist es ganz unwahrscheinlich bis ausgeschlossen, dass die Welt so ist, wie wir sie im Alltag erleben, und dass sie nur das umfasst, was wir mit unseren Sinnen und Messgeräten wahrnehmen können. Wir können davon ausgehen, dass die Welt sehr viel umfassender ist, und zwar in einer für den gewöhnlichen Verstand schwer verständlichen Weise. Dafür sprechen neben zahllosen transpersonalen und parapsychologischen Beobachtungen die Ergebnisse der modernen Physik, darunter vor allem das Phänomen der Nicht-Lokalität der Welt. Durch nichts kann wahrscheinlich gemacht werden, dass das, was wir erleben, alles ist, was es gibt. Der Physiker Hans-Peter Dürr[9] stellt fest: »Es ist grob unzulässig und falsch, unsere Wahrnehmung der Wirklichkeit mit der Wirklichkeit schlechthin gleichzusetzen.« Nach seiner Darstellung ist die Wirklichkeit Potenzialität, d. h. sie kann sich materiell-energetisch manifestieren.

> Die ursprünglichen Elemente der Wirklichkeit sind [...] reine Beziehungsstrukturen, keine materiellen Atome oder Elementarteilchen. Es gibt gar nichts Seiendes, nichts, was existiert. Es gibt nur Wandel, Veränderung, Operationen, Prozesse.[9]

Dürr begreift die Welt als ein »nicht-auftrennbares Ganzes, ein Nicht-Zweihaftes, [...] einen Kosmos, der alles mit allem unauflösbar, irreduzibel verbindet.« Die Welt ist also im Grunde eine Einheit, die nicht aufgeteilt werden kann.

Es wird keine feste Theorie geben, die die Welt erklärt, sondern die zugrunde liegende Realität ist entweder nicht vorhanden, wie es die sogenannte Kopenhagener Interpretation der Quantenphysik behauptet, oder sie kann nicht erkannt werden. Daraus ergibt sich die Notwendigkeit, auch intuitives oder mystisches Denken zur Erkenntnisfindung und Lebensorientierung zu benutzen.

Fridjof Capra[4] hat auf die großen Ähnlichkeiten zwischen der neuen Naturwissenschaft und den östlichen Weltanschauungen des Buddhismus, Hinduismus und Taoismus aufmerksam gemacht. Das wichtigste Merkmal dieser Weltanschauungen ist das Gewahrsein der Einheit und der gegenseitigen Beziehung aller Dinge und Ereignisse. Alle Phänomene werden in diesen Systemen als Manifestationen einer einzigen fundamentalen Identität, also als voneinander abhängige und untrennbare Teile des kosmischen Ganzen gesehen.

4.9 Deutungshoheit und geistliches Monopol

In weiten Kreisen der Öffentlichkeit herrscht nach wie vor die Meinung, dass Religion und Naturwissenschaft einander ausschließende Gegensätze sind. Dahinter steht die Überzeugung, dass es ein kausales Naturgeschehen gibt, das zumindest grundsätzlich dem menschlichen Verstand zugänglich ist und erkannt werden kann.

Alles, was sich möglicherweise als unerkennbar oder als nicht determiniert erweisen sollte, erzeugt Angst und unterliegt der Verdrängung. Der Physiker Pascual Jordan[31] hebt jedoch mit aller Eindringlichkeit hervor, dass der Gedanke, dass »die Entzauberung der Welt durch die Naturwissenschaft« ein unvermeidliches Ergebnis naturwissenschaftlicher Forschung sei, »auf einem zeitgebundenen Irrtum beruht«. Die Vorstellung der Welt entsprechend der klassischen, materialistischen Naturphilosophie steht nicht mehr, »wie ihre Anhänger gern in Anspruch nehmen, im Einklang mit naturwissenschaftlicher Erkenntnis«. Damit ist der antagonistische Widerspruch zwischen Naturwissenschaft und Gottesglauben, der von der Aufklärung bis zum Beginn des 20. Jahrhunderts gegolten hatte, aufgehoben und beide Erkenntniswege können jetzt als komplementäre Möglichkeiten gesehen werden. Man sollte nun meinen, dass die Vertreter der Amtskirchen die Öffnung der Physik für eine umfassendere Wahrheit begrüßen würden, ja, in der Naturwissenschaft einen Verbündeten sehen könnten. Aber das scheint nur selten der Fall zu sein.

In geistlichen Dingen beanspruchen die Vertreter der Kirchen offenbar die Deutungshoheit, die sie nun in Gefahr sehen, und sie glauben, ein geistliches Monopol zu besitzen. Wie zu Zeiten von Galilei befürchten sie, dass neue Ergebnisse der Physik alte Glaubenssätze erschüttern. Es ist daher zu befürchten, dass die Einsichten der Physik, die zum Teil nun schon seit 100 Jahren bekannt sind, noch lange Zeit sowohl von der breiten

Öffentlichkeit als auch gleichermaßen von der Geistlichkeit ignoriert oder mit Argwohn betrachtet werden. Der alte Gegensatz zwischen Naturwissenschaft und christlichem Glauben war wohl für beide Seiten der bequemere Zustand.

5 Mystik

Unter Mystik verstehen wir die Erfahrung einer Gemeinschaft mit einer letzten Realität. Die Mystik sucht die Einheit und Ganzheit aller äußeren und innermenschlichen Gegebenheiten und versucht, die Vielheit der Dinge als Illusion zu durchschauen. Meister Eckhart (»geh aus dir selbst und lass dich«) postulierte eine letzte Realität, die ungeteilt und allumfassend ist und identifizierte diese mit der Gottheit. Der Mensch gehört zu dieser Realität und kann somit, weil es kein »außen« gibt, nicht aus dieser Ganzheit herausfallen. Demgegenüber ist der Eindruck der Vielheit und Unterschiedenheit eine Illusion. Eckhart deutete an, sich an das Ganze zu erinnern und sich selbst zu vergessen, sei ein Weg zur mystischen Erfahrung.

> Für Eckhart ist das Ziel des menschlichen Lebens erst erreicht, wenn der Mensch sagen kann: »Gott und ich sind eins.« Dies erlebt er, wenn er sich seines innersten Seelengrundes bewusst ist.[6]

Aber die Erfahrung der Einheit mit allem kann nicht zwingend herbeigeführt werden. Wahrnehmungen einer grenzenlosen Zugehörigkeit zur letzten oder übergreifenden Realität werden von Mystikern als beglückende Erlebnisse beschrieben. Die Bejahung dieser Zugehörigkeit heißt Liebe. Das, was alle Formen der Liebe gemeinsam haben – von der sexuellen Liebe bis zur Liebe zur Heimat und zur Umwelt – besteht darin, dass wir in jedem dieser Fälle eine Zugehörigkeit bejahen. Gemeinsames Essen kann als eine Feier dieser Zugehörigkeit verstanden werden. Ein rituelles Essen kann als eine Feier der Zugehörigkeit zum gesamten Universum oder zu Gott verstanden werden. Das ist auch deshalb ein angemessener Ausdruck der Zugehörigkeit, weil die ökologischen Kreisläufe so sind, dass wir einander essen. Die letzte Zugehörigkeit zu einem Ökosystem schließt ein, dass wir mit den Zyklen von Geburt und Tod verflochten sind. Die kirchliche Lehre zum christlichen »Abendmahl« bzw. zur Eucharistie hat leider abscheuliche kannibalistische Vorstellungen aufgenommen. Jedes Essen ist neben der Nahrungsaufnahme auch eine symbolische Handlung, die unser Eingebundensein in dieses Universum zum Ausdruck bringt.

Mystiker beschreiben ihr Leben als »grenzenlos glücklich, absolut furchtlos, immer in Schwierigkeiten«, wie es D. Sölle in ihrem Buch »Mystik und Widerstand«[44] beschreibt. Und da lesen wir auch den wunderbaren Satz:

> Gott ist das Nichts, das alles werden will. Wenn wir an der Bewegung des Nichts teilhaben, so bedeutet das, dass auch wir mit

unserem Nichts leben, uns unserem Nichts stellen, oder, wie die Mystik immer wieder gesagt hat, »zunichte werden«. Ichlos, besitzlos, gewaltlos werden sind die Namen des Nichts, das auch unser Alles werden will.

Das ist Mystik.

Die religiösen Institutionen, vor allem die Amtskirchen, haben zur Mystik ein ambivalentes Verhältnis voller Argwohn. Das ist verständlich, denn die Mystik ordnet sich der Deutungshoheit der Kirchen nicht unter. Andererseits ist es aber auch nicht ganz unbegründet; denn es gibt eine dunkle und aggressive Mystik, wie sie der Faschismus für sich in Anspruch nehmen wollte. Ihr Merkmal ist, dass sie eine Mystik ohne Liebe zum Menschen ist.

»Man kann die Mystik als die antiautoritäre Religion schlechthin begreifen [...] «, schreibt Dorothee Sölle[44] und: »Mystik und organisierte Religion verhalten sich wie Geist zur Macht.« Während die Theologie einen rationalen Zugang zu den spirituellen Quellen durch Studium der heiligen Schriften versucht, stellt die Mystik einen direkten, experimentellen Zugang dar. Es ist für jeden die Frage, ob er den Mystikern darin zu folgen bereit ist. Die christlichen Kirchen hatten zwar schon immer Vorbehalte gegen die Mystik, aber »wenn es keine Erfahrung Gottes für uns geben soll, ist es sinnlos, von Gott zu reden«.[56]

Mystik in unserer Zeit

Einer der Mystiker unserer Tage ist Neale Donald Walsch, der behauptet, direkte Botschaften aus dem universellen Lebensprozess, also von Gott, erhalten zu haben. Er schildert die genauen Lebensumstände, die zu dieser Offenbarung geführt haben und hat alles, was er erlebt hat, in mehreren Büchern dargelegt. Der Inhalt dieser Bücher erscheint in hohem Maße logisch und vernünftig. Walsch fordert keine Gefolgschaft und keinen Glauben, er begründet keine neue Religion und keine Sekte, sondern bietet dem Leser an, die jeweils eigene Religion besser zu verstehen. In einem seiner Bücher finden sich die folgenden zusammenfassenden Aussagen über Gott:[52]

- Gott verlangt nicht, dass jemand an ihn glaubt.
- Gott ist ohne Geschlecht, Größe, Gestalt, Farbe oder andere Charakteristika eines individuellen lebenden Wesens.
- Gott spricht unablässig mit jedem Menschen.
- Gott ist von nichts getrennt, sondern überall gegenwärtig, das Alles in Allem, das Alpha und Omega, der Anfang und das Ende, die Gesamtsumme von allem, das jemals war, jetzt ist und jemals sein wird.
- Gott ist nicht ein einzelnes Super-Wesen, sondern der außerordentliche Prozess, der »Leben« heißt.
- Gott ändert sich unablässig.
- Gott braucht nichts.

- Gott fordert nicht, dass wir ihm dienen, sondern er ist der Diener des gesamten Lebens.
- Gott ist bedingungslos liebend, nicht verdammend oder bestrafend.

Walsch sagt über Gott, dass er alles sei, was es gibt und alles was es nicht gibt. Der zweite Teil dieses Satzes sei den Philosophen überlassen. Aber der erste Teil besagt, dass wir, weil wir denn »sind«, »existieren«, ein »Sein« haben, auch Gott sind. Wem das zu unbescheiden klingt, der mag lesen: an Gott teilhaben. Und da das für alle belebten und unbelebten Wesenheiten im Universum in gleicher Weise gilt und alle Gott sind, folgt daraus, dass wir alle verbunden sind. Durch unsere Teilhabe an Gott sind wir eins, eins in Gott. Daraus folgt dann weiterhin, dass es keine moralischen Wertungen bei Gott gibt.

Wir müssen jedoch zwischen Eins-Sein und Gleich-Sein unterscheiden. »Wir sind alle eins« bedeutet nicht, dass wir alle gleich sind oder sein sollen. Die Zellen unseres Körpers sind auch eins in dem Sinne, dass sie alle aus einer Zelle hervorgegangen sind und in dem Sinne, dass ihre Grundbestandteile zueinander passen, und dennoch sind sie differenziert, um unterschiedliche Aufgaben wahrnehmen zu können.

Der Satz von der Einheit drückt auch eine fundamentale physikalische Wahrheit aus. Es hat sich nämlich gezeigt, dass das ganze Weltall und so auch wir Menschen und die anderen belebten Wesen, die mit uns auf diesem Planeten durch das Weltall reiten, dass also einfach alles aus den gleichen Grundbestandteilen besteht. Diese Bestandteile wurden früher »Elementarteilchen«

genannt. Das erweckt den falschen Eindruck, als wäre das etwas Materielles. Wie in Kapitel 3 beschrieben, sagen die Quantenphysiker, dass Materie nicht aus Materie besteht, sondern aus mathematischen Gebilden, jedenfalls aus etwas Geistigem.

Auch wenn die Aussagen der Mystiker nicht auf rationalen Überlegungen beruhen und ungeachtet der Tatsache, dass sie so unvollständig sind wie jede Aussage über das Ganze, enthalten sie Anhaltspunkte für menschliche Vorstellungen über den universalen Lebensprozess, den viele von uns »Gott« nennen möchten. Die Theologin Dorothee Sölle hat an vielen Beispielen (u.a. Mahatma Gandhi, Martin-Luther King, Dag Hammersköld, Simone Weil, ...die Liste ist noch sehr lang) gezeigt, dass die Offenheit für Mystik keineswegs zur Weltfremdheit verleitet, sondern im Gegenteil zu produktivem zivilen Ungehorsam führt und politisch-ökologisch höchst brisant ist. Das oberste Prinzip ist immer die Gewaltfreiheit, ja der Verzicht auf einen Sieg, der eine Demütigung des Besiegten einschließen würde. Und auch Papst Franziskus hat gewaltlosen, aber aktiven Widerstand gegen das herrschende Wirtschaftssystem gefordert.[15]

Dorothee Sölle schreibt:

> Die Formen des Widerstands, in denen der verhängte Konsens hinsichtlich der Zerstörung der Schöpfung aufgekündigt wird, haben tiefe Wurzeln in einer Mystik, die wir oft gar nicht als solche wahrnehmen. Es ist die

Mystik des Einsseins mit allem Lebendigem. Eine der mystischen Grunderkenntnisse in den verschiedensten Religionen geht auf die Einheit aller Menschen, ja aller Lebewesen, hinaus. Dass das Leben keine individuelle autonome Leistung ist, nicht gemacht, produziert oder gekauft werden kann, nicht ein Eigentum von privaten Besitzern ist, sondern ein Geheimnis des Verbundenseins und der Zugehörigkeit zueinander, ist eine der ältesten Weisheiten der Religion.[44]

Viele von uns, denen Mystik sehr fern liegt, haben schon Grenzerfahrungen gehabt: Plötzliche lebhafte Vorahnungen, Träume, die deutlicher sind als normal, Erscheinungen Verstorbener, todesnahe Erlebnisse. Das sind allgemeine Erfahrungen, die aber deutlich machen, dass unser Leben immer und ohne dass wir es normalerweise bemerken, an der Grenze zu einer anderen Welt verläuft. Der Vorhang ist sehr dünn und er ist dicht neben uns. Religion kann und soll das Gehen entlang dieser Grenze ins Bewusstsein rücken, soll es einüben, soll uns sensibel für Botschaften machen und also die Angst bändigen, wenn sich die Grenze öffnet. Wir erleben dann sehr plötzlich und meistens schreckhaft, dass sich ein Fenster in eine andere Welt öffnet, und wir werden gewahr, dass die Welt sehr viel größer ist als uns bewusst war und sich da weiter erstreckt, wo wir ihre Grenze vermuteten.

Nicht auf mystischem Wege, sondern durch philosophisches Denken kam Jaspers[29] auch zu Aussagen über Gott:

1. Gott ist.
2. Wir können in Führung durch Gott leben.
3. Es gibt die unbedingte Forderung im Dasein.
4. Der Mensch ist unvollendet und nicht vollendbar.
5. Die Realität in der Welt hat ein verschwindendes Dasein zwischen Gott und Existenz.

Tod und ewiges Leben

Das Einssein des Universums zeigt, dass auch der Mensch im Leben und Sterben ein Teil einer sehr viel größeren, umfassenderen Realität ist. Spong zitiert Albert Einstein mit dem Satz:

> In diesem ewigen Fluss fühle ich mich so sehr als Teil von allem, dass ich nicht im Mindesten über den Anfang oder das Ende irgendeines Menschen besorgt bin.[46]

Der Mystiker Walsch formuliert seine Erkenntnis mit den Worten:

> Das Leben ist ewig und es gibt nur einen von uns. Diese beiden Wahrheiten repräsentieren alles, was zu wissen nötig ist.[51]

6 »Gott denken« (Sölle 1990)

6.1 Vorbemerkung

Bei den Überlegungen zu den Aussagen der neueren Physik über religiöse Fragen war es unausweichlich, die Fachleute zu Wort kommen zu lassen. Glücklicherweise können sich die zitierten Physiker auf Beobachtungen und damit einhergehende Theorien stützen. In diesem Abschnitt sollen theologische Ergebnisse und vielleicht auch spirituelle Ansichten herangezogen werden, um zu einem eigenen Standpunkt zu kommen. Nun müssen wir berücksichtigen, dass die theologische Debatte sehr vielfältig und sehr differenziert ist, und dass die Berichte, auf die sich die Debatte stützt, nicht so belastungsfähig sind, wie die empirischen Ergebnisse der Naturwissenschaft. In der Literatur finden wir ein breites Spektrum von Meinungen – es gibt ungefähr für alles eine theologische Argumentation –, und das undurchdringliche Stimmengewirr der Theologen kann von Nicht-Fachleuten ebenso wenig ernst genommen werden wie die Theorien der Quantenphysik leicht verstanden werden können. Daher sollen hier die Aussagen der Mystiker als empirische Basis dienen, die durch Vernunft ein wenig ergänzt wird. Was ist »Vernunft« in diesem Sinne? Wir könnten darunter die Vereinigung von Verstand und Liebe verstehen. Es liegt auf der Hand, dass mit dieser Methode nur ein zeitgebundenes und begrenztes Verständnis erreicht werden kann. Aber schließlich ist jedes Verständnis unendlicher Zusammenhänge zeitgebunden und begrenzt. Diese Verstehensweise könnte eine Basis sein, von der aus Menschen unserer Zeit sich dem Bereich des Religiösen nähern können. Carl-Friedrich von Weizsäcker hat einmal gesagt, dass ein Christ ein Vernunftstrahler sein soll. Wir schöpfen daraus die Ermutigung, theologische Sachverhalte in natürlicher Sprache zu umkreisen.

6.2 Jenseits des Theismus

Es gibt Menschen – nicht mehr viele, früher waren es mehr, – die behaupten, davon überzeugt zu sein, dass es ein höchstes Wesen gibt, genannt »Gott«. Diese Menschen gehen unausgesprochen und unreflektiert davon aus, dass dieser Gott irgendwo außerhalb unserer Welt existiert und dass er allwissend, allmächtig, unwandelbar und unendlich sei. Man hat diese Geisteshaltung Theismus genannt. Der Theismus ist am Ende. »Die Vorstellung eines höchsten Wesens an der Spitze der Pyramide des Seins, das alle Ordnungen ins Dasein gesetzt hat und sie erhält, ist nicht mehr denkmöglich.«[43] Die wenigen Menschen, die Gott noch so denken können, mögen in Frieden gelassen werden, solange sie diesen Glauben nicht von anderen fordern. Leider ist ein Glaube an ein höchstes Wesen ein typisches Merkmal einer autoritären Religion und »dem autoritären Gott ist Macht wichtiger als Gerechtigkeit und Liebe«.[43] Die autoritäre Religion herrscht im sogenannten Abendland mindestens seit zwei Jahrtausenden und hat manches Gute, aber auch unvorstellbares Unheil angerichtet. Diejenigen, die sich daraus befreit haben, wollen die ehemals theistisch Glaubenden aber nicht so leicht aus ihrem Irrglauben entlassen und beharren nun darauf, dass Gott nur theistisch verstanden werden kann und nicht anders. Das ist ihre aggressive Antwort auf die autoritäre Religion. Friedrich Nietzsche hat mit seinem Wort »Die Christen müssten mir erlöster aussehen. Bessere Lieder müssten sie mir singen, wenn ich an ihren Erlöser glauben sollte,« den Hinweis gegeben, dass theistischer Glaube und Lebenspraxis gewöhnlich nicht in Übereinstimmung sind. Das Unerlöstsein der theistisch Glaubenden ist zwar kein Beweis dafür, dass es den Gott der autoritären Religion nicht gibt, aber es gibt ihn wirklich nicht. In den Gefängnisbriefen des bekennenden Theologen und Widerstandskämpfers Dietrich Bonhoeffer findet sich der Satz »einen Gott, den es gibt, gibt es nicht.«

Wenn die Entwicklungsprozesse im Universum, in der belebten Natur und in jedem einzelnen Menschen determiniert wären, ihr Ablauf also vorhersagbar wäre, dann würde die Entwicklung alles Seienden nach einem Start selbsttätig ohne weitere Beteiligung des Grundprozesses ablaufen. Am Ende der klassischen Wissenschaftsentwicklung gipfelte diese Anschauung in dem Nietzsche-Satz »Gott ist tot«. Die Physik seit 1920 - siehe Kapitel 3 - sagt uns jedoch, das die Zukunft nicht determiniert und die Schöpfung nicht abgeschlossen ist, sondern dass ein transzendentes Erwartungsfeld oder Informationsfeld, das aus wellenförmig sich ausbreitenden Wahrscheinlichkeiten besteht, Möglichkeiten zukünftigen Geschehens enthält. Manche glauben, dass diese »Interwelt« reines Bewusstsein ist und dass in diesem Bereich ein Prozess existent ist, der »Gott« genannt werden kann. Der gegenwärtige Wissenstand lässt vermuten, dass sich der Lebensprozess »Gott« auch der uns unzugänglichen höheren Dimensionen – dem »Gespensterfeld« (Einstein) oder der »Interwelt« (Warnke) oder dem »Erwartungsfeld« (Dürr) – bedient. Auch Zink[56] findet Gefallen an dem Gedanken, dass in Anlehnung an die physikalischen Felder, an das morphogenetische Feld von Sheldrake und an das Feld des transpersonalen Bewusstseins von Ken Wilber, Gott als ein Feld vorgestellt werden kann, das alle übrigen Felder durchdringt und in dem wir selbst mitschwingen. Wenn die christliche Tradition von »Geist Gottes« spricht, dann könnte das auch mit »Feld Gottes« übersetzt werden. Das menschliche Bewusstsein wäre dann eine Schwingung in diesem Feld. Dies ist ein Beispiel für eine nichttheistische Gottesvorstellung, aber es muss nicht die einzige bleiben, denn die ganze Wahrheit zu erkennen und in unseren Sprachen zu benennen, ist ohnehin unmöglich. Diese physikalisch inspirierten Vorstellungen und traditionelle spirituelle Annäherungen sind komplementär zueinander, ermöglichen also zusammen eine umfassendere Erfassung der Realität, als das mit nur einer Betrachtungsweise allein möglich wäre.

Wenn wir berücksichtigen, dass die neu eingeführten Begriffe »universelles Informationsfeld« oder »Erwartungsfeld« auch nur Gleichnisse sind oder Hinweise auf eine dahinter liegende Wahrheit, dann lassen sie sich als neue Mythen interpretieren. Wie die alten Mythen, so bündeln auch die neuen das Erklärbare und das Unerklärliche in einem Begriff zusammen, der auch die Paradoxien umfasst, die ein rein rationaler Verstand auf der Basis der dualen Logik nicht verarbeiten kann. Auf diese Weise bleibt ein offener Raum für das Geheimnis – und dieser Begriff ist vielleicht am besten geeignet, etwas über Gott auszusagen. Spong[46] fügt hinzu »auf Wegen, die wir nicht kennen, bewegen wir uns durch die stillen Wirkungen der Zeit und der Gnade in Weisen vorwärts, die wir nicht verstehen.«

Kosmische Religiosität

Ein 1952 geführtes Gespräch zwischen den Physikern Wolfgang Pauli und Werner Heisenberg enthält einen Hinweis auf eine nicht-theistische Gottesvorstellung. In dem Dialog fragt Pauli: »Glaubst du an einen persönlichen Gott?« Diese Frage folgt offensichtlich traditionellen, theistischen Gottesvorstellungen. Heisenberg übersetzt, indem er sagt:

> Darf ich die Frage anders formulieren? Dann würde sie lauten: Kannst du oder kann man

> der zentralen Ordnung der Dinge oder des Geschehens, an der ja nicht zu zweifeln ist, so unmittelbar gegenüber treten, wie dies bei der Seele eines anderen Menschen möglich ist? [...] Wenn du so fragst, würde ich mit Ja antworten. (Zit. nach Halbfas[24])

Heisenberg sieht also eine zentrale Ordnung und Weisheit, die im gesamten Universum ständig wirksam ist. In ähnlichem Sinne hat Einstein den Begriff »kosmische Religiosität« geprägt.[12] Er sagt dazu:

> Das Individuum fühlt [...] die Erhabenheit der wunderbaren Ordnung, welche sich in der Natur sowie in der Welt des Gedankens offenbart. Es empfindet das individuelle Dasein als eine Art Gefängnis und will die Gesamtheit des Seienden als ein Einheitliches und Sinnvolles erleben.

Diese Überzeugung wirkte sich bei Einstein auch auf seine wissenschaftlichen Arbeiten aus, denn er ging davon aus, dass, wie immer auch die Wirklichkeit beschaffen sein sollte, sie sich als einfach und schön erweisen müsste. Ein Kennzeichen der kosmischen Religiosität ist die tiefe Verehrung für die in dem Seienden sich manifestierende Vernunft. Alles, was wir wissen und erleben, deutet darauf hin, dass es im Universum Zusammenhang, Absicht, Wohlwollen und gerichtetes Handeln gibt - mit einem Wort, dass das Universum ein freundlicher Ort ist. Das Vertrauen darauf ist ein existentielles Wagnis, von dem die Philosophen sagen, dass wir durch dieses Wagnis erst ganz zu uns selbst kommen, uns geschenkt werden.

6.3 Gott als Lebensprozess

Ich glaube, dass wir uns »Gott« als einen Grundprozess vorstellen können, der in allen Teilen des Universums und so auch in jedem Menschen ständig aktiv ist. Es ist offensichtlich, dass eine solche Vorstellung nur ein Vergleich sein kann, ein Gleichnis. Der menschliche Verstand ist nicht in der Lage, das, was ist, direkt so zu beschreiben oder zu benennen, wie es ist. Der Erkenntnisweg verläuft vielmehr so, dass wir ein Modell bauen, in diesem Falle ein Denkmodell, und prüfen, ob es die Realität zutreffend wiedergibt. Wenn Gott ein Prozess ist, der im Menschen wirksam ist, dann sind alle Wesenheiten unterschiedliche Teile und Aspekte Gottes und somit zusammenhängend, aus einer Wurzel hervorgehend. Alle Wesenheiten gehören zu einer »universellen Bewusstseinsstruktur« (Starkmuth), die man »Gott« nennen kann. Jede Wesenheit ist somit ein Teil Gottes - und das gilt nicht nur für lebende Wesen, sondern für alles, für jedes Atom und jedes Elementarteilchen. In diesem Zusammenhang ist es interessant, dass einer der Mystiker unserer Zeit, Thaddeus Golas[20,19], der sich keineswegs christlicher Vorstellungen bedient, ein Weltbild erahnt hat, in dem jedes Elementarteilchen ein belebtes Wesen mit einem eigenen Entscheidungsspielraum ist. Wir sollten uns nicht sogleich abwenden, weil dies so schwer vorstellbar ist. Es könnte sein, dass gerade an dieser Stelle neue Erkenntnisse auf uns warten.

Wenn wir uns als Geschöpfe Gottes betrachten, anstatt als seine Teile, dann sind wir getrennt. Aber das ist eine Illusion. Die Neue Spiritualität geht dagegen davon aus, dass jeder Mensch ein individueller Teil Gottes ist, vergleichbar mit einem Wassertropfen im Ozean. Uns allen wird mehr und mehr bewusst, das wir Anteil haben an dem, was Gott ist, und dass wir EINS sind mit allem, was Gott ist.

Diese Gedanken sind Hilfsvorstellungen, ohne die wir nicht auskommen. Sie dürfen uns aber nicht dazu verleiten, zu meinen, wir wüssten wie Gott funktioniert. Was mit den Worten unserer Sprache gesagt werden kann, kann niemals die ganze Wahrheit sein. Immer handelt es sich um Deutungen dessen, was einzelne Menschen erfahren haben, und niemals gewinnen wir ein Wissen, das irgendwie anwendbar wäre. Deshalb gilt die Warnung: »Alle Meinungen über Gott verfehlen Gott, ja, sie stellen eine falsche Vertrautheit mit dem Göttlichen her, einen hinter Frömmigkeit lauernden demütigen Hochmut.«[44]

In der Bibel kommen die spirituellen Erfahrungen vieler Menschen zur Sprache. Durch die Verschiedenheit so vieler Menschen, die in einem uns fremden geistigen Umfeld lebten, sind große Teile der Bibel für den unvorbereiteten Leser nicht mehr verständlich. Eine verwirrende Vielfalt von Deutungsangeboten lässt uns heutigen Menschen die Bibel als ein Buch erscheinen, mit dem ungefähr alles begründet werden kann und das in unserer Zeit nicht mehr als einzige Grundlage einer Religion tauglich ist. Es besteht die Gefahr, dass im Marktgeschrei der Deuter der kostbare Inhalt verloren geht. Wenn wir anerkennen, dass in der Bibel spirituelle Erfahrungen einen zeitgemäßen Ausdruck gefunden haben, warum sollten dann in unserer Zeit direkte Gotteserfahrungen nicht mehr möglich sein? Wir müssen im Gegenteil annehmen, dass auch heute viele Menschen spirituelle Erfahrungen machen, aber sie werden in einer Sprache beschrieben, die nicht mehr als Sprache einer Religion erkennbar ist.

6.4 Persönliche und überpersönliche Gottesvorstellungen

Obwohl Gott keine Person ist, erscheint der Lebensprozess, der Gott ist, als eine personale Struktur, kann also, solange man sich dessen bewusst ist, dass es sich um eine Hilfsvorstellung handelt, wie eine Person angesprochen werden. Wenn wir daran denken, dass archetypische Bilder nur dann bewusstseinsfähig sind, wenn sie eine Verkörperung, einen Darsteller finden, in dessen Gestalt sie auftreten, dann teilt sich uns vielleicht eine Ahnung davon mit, dass existentielle Botschaften nur von Person zu Person kommuniziert werden können. Das hört sich richtig an, ist aber eine Tautologie. Nach Golas besteht die Welt aus belebten Einheiten, die nicht weiter definiert werden können und alle Kommunikation ist also Kommunikation zwischen lebenden Wesenheiten – zugegeben, auf stark unterschiedlicher Ebene.

Unsere Rede wird sehr vereinfacht, wenn wir von Gott als einer Person reden – solange wir uns vergegenwärtigen, dass das Wort nicht ein externes Super-Wesen bezeichnet. Gott ist mir näher, als ich mir selbst bin – und wenn ich an mich denke, habe ich die Vorstellung an ein menschliches Wesen, an ein Ich, zu denken. Und nicht an einen Apparat, der nur auf elementarer Ebene belebt ist.

In philosophischer Sprache wird Gott wird als der liebende Urgrund des Seins verstanden, durch den wir bedingungsloses Angenommensein[49] erfahren. Dieses »Sein-Selbst« (Tillich) ist die letzte Realität, zu der wir gehören und die zu uns gehört. Tillich erklärt: »Der Name der unendlichen Tiefe und des unerschöpflichen Grundes alles Seins ist Gott. Jene Tiefe ist es, die mit dem Wort ›Gott‹ gemeint ist.«[49] Das ist nicht so abstrakt wie es klingt, denn viele Menschen haben darüber berichtet, dass sie ein direktes Gespräch mit Gott geführt haben oder oft führen - das ist der Bereich der Mystik. Leider wird durch einen solchen Begriff sogleich wieder eine Abgrenzung angedeutet, die darüber hinweg täuscht, dass eigentlich allen Menschen der mystische Weg offen steht. Wenn wir es nicht wagen, Gott als Teil unserer praktischen Lebenserfahrung zu benennen, sollten wir die Rede von Gott ganz unterlassen. Der universale Lebensprozess ist direkt durch uns zugänglich und persönlich ansprechbar, gleichgültig, ob wir davon bewussten Gebrauch machen oder nicht.

In der Symbolsprache der Mythologie wird Gott als der Schöpfer der Welt bezeichnet. Die Quantenphysik sagt, dass ein Objekt nur durch seine Beobachtung ins Sein tritt. Also erschaffen sich Subjekt und Objekt gegenseitig. Die uns bekannte materielle Welt erscheint uns objektiv und real vorhanden, weil wir das beobachten, was von einem übergeordneten Bewusstsein erschaffen wird. Unser menschliches Bewusstsein hat daran in dem Maße Anteil, wie es Teil des übergeordneten Bewusstseins ist. Gott ist also als Schöpfer nicht vollständig unabhängig vom Geschöpften. »Geschöpfe gäbe es nicht, wenn Gott sie nicht bräuchte« (Martin Buber). Halbfas[24] betont, dass das Wort »Gott« ein Symbol ist, das eine bestimmte Art bezeichnet, die Welt zu verstehen. Alles Reden von Gott deutet also menschliches Leben, und Religion ist Erklärung des menschlichen Daseins in symbolischer Sprache.

6.5 Glaube bedeutet Vertrauen

Obwohl »Glaube« oft mit dem Fürwahrhalten von geistlichen Aussagen identifiziert wird, trifft dies nicht das Wesentliche dessen, was als Glaube bezeichnet wird. Vielmehr bezeichnet »Glaube« ein Grundgefühl des Vertrauens und der Sinnhaftigkeit. »Glaube« ist somit eine emotionale Kategorie – das Gefühl der Geborgenheit in einem Universum, das als ein »freundlicher Ort« (Heidrich) vorgestellt wird und dessen materielle Kinder wir sind. Ja, dies sollte meditativ nacherlebt werden: Die Atome in meinem Körper stammen aus nuklearen Explosionen im Universum – aus Sternenstaub. In diesem

Universum kann durch die Verbundenheit aller Teile nichts verloren gehen.

Glaube kann im Extremfall ganz auf geglaubte Inhalte verzichten. Tillich[49] führt aus, dass absoluter Glaube keine geglaubten Inhalte benötigt:

> Der Glaube, der den Mut erzeugt, Zweifel und Sinnlosigkeit in sich hinein zu nehmen, hat keinen besonderen Inhalt. Er ist einfach Glaube – ungerichtet, absolut. Er ist undefinierbar, da alles Definierte durch Zweifel und Sinnlosigkeit aufgelöst ist.

Der absolute Glaube im Sinne von Tillich markiert einen Extrempunkt der menschlichen Existenz.

Wenn wir uns am Grunde unseres Seins angenommen fühlen dürfen, dann sollten wir das höchst missverständliche Wort »Glaube« durch das Wort »Vertrauen« ersetzen, um damit anzudeuten, dass es sich um eine persönliche Freundschaft handelt.[51] Ich bin ein Abkömmling des Universums, und ich vertraue darauf, dass dieses Universum – am Ende doch – ein freundlicher Ort ist. Wäre es das nicht, so würde mein Vertrauen es zu einem freundlichen Ort machen. Diese Behauptung klingt zwar anmaßend, aber nach Dorothee Sölle wir sind »Königskinder« und »nicht zu Kleinem geschaffen«.[44]

6.6 Die Entwicklung des Bewusstseins

Ken Wilber und Ervin Lazlo sind auf Grund ihrer Studien zu der Überzeugung gelangt, dass das Bewusstsein nicht innerhalb des Gehirns entsteht, sondern dass das Gehirn nur als Empfänger fungiert, besser gesagt, dass die - bildlich gesprochen - äußeren Schichten unserer Geistigkeit mit dem universellen Informationsfeld verbunden sind.[35,54] Als Beweis geben beide Autoren beobachtete Phänomene an und versuchen, die Beobachtungen mit Hilfe der Verschränkung (siehe Kap. 4.3,4.4) zu erklären. Dabei zeigt sich, dass die Verschränkung nicht nur örtlich, sondern auch zeitlich wirksam ist, was schon im berichteten Experiment (Kap. 4.1) sich andeutete und ein Vorauswissen verständlich macht. Demnach müssen wir davon ausgehen, dass das menschliche Bewusstsein außerhalb des physischen Körpers existent ist. Dieser Aspekt des Bewusstseins ist als »transpersonales Bewusstsein« bezeichnet worden, um damit auszudrücken, dass es sich um eine universelle Erscheinung handelt. Damit wird auch die religiöse Rede vom »Diesseits« und vom »Jenseits« überflüssig, ja irreführend. Es gibt nur eine Welt, von der aber der Mensch nur einen sehr kleinen Ausschnitt wahrnehmen kann.

Das Gewahrsein einer verbundenen Ganzheit steht in scharfem Gegensatz zur Illusion der Getrenntheit. Vieles deutet darauf hin, dass die Menschheit zunehmend zu einem Gewahrsein der Einheit mit allem, was existiert, erwacht und dass wir alle enger verbunden sind, als wir verstehen können. Selbstbewusstsein scheint ein vorübergehendes Stadium der Bewusstseinsentwicklung auf dem Weg zu einem universellen Bewusstsein zu sein. Wenn die Verbundenheit aller Wesenheiten ins Bewusstsein tritt, was durch den Satz »Wir sind alle eins« angedeutet wird und auch als »planetarisches Bewusstsein« bezeichnet wird, dann ergibt sich daraus ein liebendes Verhalten.

Nach unserem Eindruck gibt es heute sowohl in oder am Rande der Kirchen als auch in zahlreichen anderen Gruppierungen viele Menschen, die für direkte Gotteserfahrungen offen sind und die ähnliche spirituelle Grundüberzeugungen haben. Leider haben diese Gruppen eine unterschiedliche Sprache und nehmen sich gegenseitig nicht wahr. Daher ist eine Bewusstseinserweiterung notwendig, sodass in allen Gruppen das Bewusstsein einer übergeordneten Einheit zugelassen wird.

6.7 Die Jesus-Botschaft: Gott in uns

Jesus war ein Mensch, der die Gegenwart des universellen Lebensprozesses, also »Gottes« ganz deutlich gespürt hat und gewusst hat, dass er in diesen Lebensprozess eingebunden ist – dass er also ein Teil Gottes ist. Er wollte durch sein Leben die Botschaft vermitteln, dass alle Menschen Teile Gottes sind und dass der universelle Lebensprozess »Gott« in jedem Menschen wirksam ist. Zusammenfassend ergeben sich drei Kernaussagen:

(A) Alle Menschen sind Teile Gottes,

(B) das Leben eines jeden Menschen ist ewig und

(C) die Liebe soll das Handeln des Menschen bestimmen.

Jesus hat diese Botschaft nicht theoretisch erklärt, sondern praktisch veranschaulicht. Beim Lesen des Neuen Testaments wird deutlich, dass »Jesus keine Lehre verkündete, die zu glauben sei, sondern eine Existenzform praktizierte, die gelebt werden will«.[24] Jesus hat von dem Prozess »Gott« immer in ganz persönlichen Begriffen geredet. Er hat ihn »Abba« genannt, was eine liebevolle Bezeichnung für »Vater« ist. Jesus sprach also immer ganz intim von seinem und unserem »Abba« und er hat darauf hingewiesen, dass er und »Abba« eine Einheit bilden (Johannes 10:30-38; 12:45; 14:9-11). Jesus hatte eine tiefe mystische Gotteserfahrung und sprach in symbolischer Sprache vom »Reich Gottes«. Das vordergründig verborgene »Königreich Gottes« ist ein Symbol für die große kosmische Wirklichkeit, zu der wir gehören. Insbesondere verwendete Jesus den Begriff »Reich Gottes« für die Gemeinschaft derjenigen, denen ihre Gottesteilhabe bewusst ist. Dieses »Reich« sei keine politische Struktur, lehrte er, es werde auch nicht kommen, sondern es sei schon da.

Die zweite Botschaft wird zwar im Neuen Testament erwähnt (z. B. Johannes 5:24), wird aber an vielen Stellen mit anderen Ideen in Verbindung gebracht oder mit ihnen verwickelt. Sie war damals und ist heute für viele Menschen dermaßen unglaubhaft, dass eine leicht vernebelnde Darstellung verständlich ist. Wenn wir jedoch die Ereignisse im Zusammenhang mit der Verurteilung von Jesus deutend zusammen fügen, kommen wir zu dem Schluss, dass der physische Tod als ein Übergang in eine andere Seinsform aufgefasst wird.

> Jörg Zink scheibt dazu: »Jesus selbst hat von der Auferstehung aus dem Tod nie so gesprochen, als seien die Menschen vor ihm nicht auferstanden [...] Er hat [...] immer wieder klar gemacht, dass die Toten leben und Gott nicht ein Gott von Toten, sondern von Lebenden sei.[56]

Die dritte Botschaft, die Jesus vermitteln wollte, war die liebevolle Annahme aller Menschen. Die überlieferten Geschichten berichten von der Hilfsbereitschaft gegenüber Ausländern, von freundlicher Aufnahme des verschwenderischen Sohnes, von Einladungen zu einem Gastmahl ohne Bedingungen und vom freundschaftlichen Umgang mit Menschen, die in der damaligen Gesellschaft moralisch verurteilt wurden. Jesus wollte die Liebe Abbas erfahrbar machen und vermitteln. Wir kennen keine Geschichten, in denen er verurteilt oder verdammt, sondern nur solche, wo er Vergebung zuspricht und Vertrauen stärkt. Ein durch Jesus angeregtes ausreichend starkes Vertrauen auf die Freundlichkeit Abbas, also eine intensive Verbindung mit dem Lebensprozess, konnte Kranke heilen und »Wunder« bewirken – das sind Dinge, die ohne dieses Vertrauen gewöhnlich nicht passieren. Solche »Wunder« sind keineswegs auf Jesus beschränkt, sondern passieren heute ganz ähnlich. In dem Umfeld, in dem Jesus lebte, gab es eine große Zahl von Geboten und Vorschriften. Jesus hat jedoch klargestellt, dass diese Vorschriften Menschen in Entscheidungssituationen Empfehlungen geben sollen, aber keine absoluten Gesetze sind.

Jesus hat durch sein Liebesgebot, wie es in seinen Taten und Reden überliefert ist, einen Weg gezeigt, wie die Polarität abgemildert werden kann. Man kann aus seinen Reden und aus seinem Verhalten entnehmen, dass in einer mystischen Vereinigung mit dem Sein (mit allem, was ist, mit Gott) die Polarität aufgehoben ist, also eine Erlösung davon eintritt. Jesus war ein Mensch, der so sehr frei und liebend war, dass er alle menschlichen Grenzen überschritt und eine verstehende Liebe zum Grundprinzip des Lebens machte.

Die überlieferten Schriften vom Handeln Jesu sind jedoch keine historischen Berichte, sondern wollen Menschen von den Glaubensüberzeugungen der jeweiligen Autoren überzeugen. Dabei spielte die historische Faktizität in heutigem Sinne keine Rolle. Diese Situation führt bis in unsere Zeit zu umfangreichen Textanalysen und theologischen Überlegungen, deren Ergebnisse keineswegs eindeutig sind. Glücklicherweise gibt es neben den überlieferten Texten einen empirischen Zugang zu den gesuchten Wahrheiten, wie er durch die Mystik eröffnet wird. In Übereinstimmung mit Meister Eckhart kommt Pierre Stutz zu der Kernaussage, dass wir nicht von Gott getrennt sind und dass jede und jeder einen unmittelbaren Zugang zum Lebensatem Gottes hat, der uns immer schon bewohnt und Schöpfung und Kosmos beseelt. Der Mystiker Neale Donald Walsch, hat in allen seinen Büchern eine »neue Spiritualität« beschrieben, die sich selbst durch den Satz »Wir sind alle Eins« kennzeichnet. Dieser Satz ist sowohl mit der christlichen wie auch der außerchristlichen Mystik kompatibel, ebenso ist er einer Theologie vertraut, die sich von dem Gebaren der Amtskirchen befreit hat.

Der Satz von der Einheit drückt auch eine fundamentale physikalische Wahrheit aus. Es hat sich gezeigt, dass das ganze Weltall und so auch wir Menschen und die anderen belebten Wesen, die mit uns auf diesem Planeten durch das Weltall reiten, aus den gleichen Grundbestandteilen bestehen. Diese Bestandteile wurden früher »Elementarteilchen« genannt. Das erweckt den falschen Eindruck, als wäre das etwas Materielles. Die Quantenphysik sagt aber, dass Materie nicht aus Materie besteht, sondern aus mathematischen Gebilden, jedenfalls aus etwas Geistigem. Außerdem müssen wir zwischen Eins-Sein und Gleich-Sein unterscheiden. »Wir sind alle eins« bedeutet nicht, dass wir alle gleich sind oder sein sollen. Die Zellen unseres Körpers sind auch eins in dem Sinne, dass sie alle aus einer Zelle hervorgegangen sind und in dem Sinne, dass ihre Grundbestandteile zueinander passen und dennoch sind sie differenziert, um unterschiedliche Aufgaben wahrnehmen zu können.

Schließlich darf zur Unterstützung der oben genannten Kernaussagen von Jesus auch an die im Abschnitt 4 dargestellten Befunde der Physik erinnert werden, die mit anderen Begriffen und in anderer sprachlicher Gestalt auch von Transzendenz und Verbundenheit sprechen. Was für Mystiker das Einheitserlebnis ist, ist für die beteiligten Physiker das Erlebnis der Schönheit, der Ordnung, der Harmonie und der Symmetrie des Naturgeschehens.

Die Kreuzigung

Erwartungsgemäß erregten die Lehren Jesu den Unwillen der damaligen geistlichen Obrigkeit und auch den Argwohn der römischen Besatzungsmacht. Seine öffentliche Wirksamkeit hätte zu einer Aufhebung sowohl des jüdischen als auch des römischen Rechtssystems führen können. Die verkündete Teilhabe jedes Menschen an Gott bedeutet eine erhebliche Erschütterung jeder Ordnungsmacht. Die römische Besatzungsmacht interpretierte das Verhalten von Jesus ausschließlich in politischen Begriffen, hielt seine geistlichen Aussagen für versteckte politische Programme und verurteilte ihn schließlich als Aufrührer zum Tod durch Kreuzigen. Wir wissen nicht genau, ob er gestorben ist oder die Folter schließlich doch überlebt hat. Während die christlichen Kirchen davon ausgehen, dass Jesus gestorben ist, ja ihre Lehre darauf gegründet haben, ergibt sich aus historisch-kritischen Textanalysen ein differenzierteres Bild. Mit einiger Sicherheit kann nur festgestellt werden kann, dass Zeugen behauptet haben, Jesus nach der Kreuzigung als Lebendigen gesehen zu haben.[36] Eine neuere Übersetzung von Johannes 20,17 lautet: »Berühre mich, denn ich bin nicht gestorben.«[2] Die These, dass Jesus die Kreuzigung physisch überlebt hat – wenn auch in einem bewusstlosen Zustand – , wird durch die Berichte über die leere Grabkammer und durch die Bemerkung des Pilatus unterstützt, der sich darüber wunderte, dass Jesus schon nach so kurzer Zeit gestorben sein sollte. Die Wahrheit und Bedeutsamkeit seines Lebens werden nicht davon beeinflusst, ob Jesus die Kreuzigung überlebt hat oder nicht. Aber auch dann, wenn wir davon ausgehen, dass Jesus gestorben ist, können wir »die historische Feststellung nicht [...] umgehen, dass Jesus seinen Tod nicht als Heilsereignis verstand«.[37] In diesem Zusammenhang ist es von Bedeutung, dass die sogenannten synoptischen Evangelien (also die Texte nach Markus, Lukas und Matthäus) es unterlassen, die Kreuzigung Jesu als Heilsereignis herauszustellen. Jesus ist somit bei der Kreuzigung möglicherweise nicht gestorben, aber auf jeden Fall ist er nicht für unsere »Sünden« gestorben, wie es von den Kirchen verkündet wird. Der Gedanke eines Sühneopfers wäre ein Rückfall in ältere und primitivere Mythologien, in denen die Polarität noch brutal in der Form eines Rachegottes erscheint, und widerspricht der Botschaft, die Jesus verkünden wollte.

Die jubelnde Osterbotschaft der christlichen Kirchen »Er ist wahrhaftig auferstanden« sollte besser lauten, »Er ist wahrhaftig lebendig«. Allerdings wäre es gut, hinzuzusetzen, dass das nicht nur für Jesus – ob bei der Kreuzigung gestorben oder nicht – gilt, sondern für alle Menschen. Für alle Menschen gilt, dass der physische Tod nicht das Ende ihres Lebens bedeutet. Um diesem dramatischen Sachverhalt Glaubwürdigkeit zu verleihen, behauptet die christliche Überlieferung, Jesus sei physisch gestorben, danach wieder vorübergehend physisch lebendig geworden und schließlich ohne zu sterben entrückt worden. Wir sollten es den Schreibern der historischen Texte nachsehen, dass sie keine geschicktere Darstellung gefunden haben. Die Gültigkeit der oben genannten drei Kernaussagen – alle Menschen sind Teile Gottes, das Leben ist ewig, die Liebe ist der Grund des Seins – hängt nicht davon ab, ob Jesus bei der Kreuzigung gestorben ist oder nicht.

7 Das Christentum: Einige Bemerkungen für Kirchgänger und solche, die es gewesen sind

Wenn hier auf das Christentum eingegangen wird, so geschieht das deshalb, weil hierzulande schon viele Menschen damit Berührung gehabt haben und weil es in Europa die am weitesten verbreitete Religion ist. Jörns[32] hat darauf hingewiesen, dass das Christentum eine Religion unter mehreren ist. Es gibt keinen Alleinvertretungsanspruch der Menschheit vor Gott! Jeder spricht von Gott so, wie er es in seinem Kulturkreis gelernt hat. Viele Wege der Annäherung an den universalen Lebensprozess sind denkbar und sind beschritten worden. Sollte ein Volk oder eine Volksgruppe die Meinung vertreten, sie seien in besonderer Weise erwählt, so ist das nichts als eine allzu durchsichtige machtpolitische Behauptung. Die Art und Weise, wie sich eine Religion der Wahrheit nähert, sollte niemals die ins Unrecht setzen, die es auf anderem Wege tun.

Eine einigermaßen geschlossene Darstellung der Inhalte der christlichen Religion kann hier nicht gegeben werden. Stattdessen werden einige spezielle Probleme herausgegriffen, deren Verständnis immer schon eine Grundkenntnis der christlichen Religion voraussetzt.

Das Christentum basiert auf den Schriften, die in der Bibel im sogenannten Alten und Neuen Testament niedergelegt sind. An dieser Stelle kann nicht diskutiert werden, in welchem Verhältnis diese beiden Teile der Bibel stehen und wie es zur heute vorliegenden Textauswahl gekommen ist. Stark vereinfachend lässt sich sagen, dass sich die christliche Religion auf die Botschaft von Jesus beruft, der seinerseits auf dem Boden der Religion der Israeliten stand. Durch Paulus und andere nach ihm hat sich im Laufe der ersten Jahrhunderte ein Christentum entwickelt, das viele Einflüsse der damaligen Kulturkreise in sich aufgenommen hat. Zink[56] beschreibt das sehr drastisch mit den Worten:

> Die Götter, Göttinnen, Feen, Geister und mythischen Helden der ganzen damaligen Welt von Ägypten bis Irland wandelten sich in christliche Heilige. Die Mutterreligionen der alten Welt mündeten in die Verehrung der Mutter Maria, wie dieselben alten Kulte einmündeten in die Verehrung der segnenden Hand der Fatima im Islam. [...] Das christliche Dogma ist ein Werk des griechischen Geistes auf dem Boden des Christentums.

Wenn wir jedoch unterstellen, dass Gott ein universaler Lebensprozess ist, dann müssen wir dem, was zur ursprünglichen Jesus-Botschaft hinzugekommen ist, auch einen Symbolwert zuerkennen. Wenn uns allerdings diese griechischen, persischen und ägyptischen Bilder nichts mehr sagen, sondern nur unverstandener Ballast sind, dann können wir auf die ursprüngliche Jesus-Botschaft zurückgreifen.

Die Jesus-Titel

Man kann leicht ermessen, dass die Botschaft, die Jesus vermitteln wollte, zu seiner Zeit noch unglaubhafter klang als heute. Die historisch-kritische Textanalyse vor allem des Neuen Testaments sagt uns, dass die ersten Christen ihren Glauben nicht in Lehrsätzen formuliert, sondern durch Anekdoten oder durch Geschichten, die wie romanhafte Literatur zu lesen sind, umschrieben haben. Die überlieferten Texte sind also nicht historisch zu verstehen. Sie wollen dagegen an Hand von Erzählungen, deren historische Wahrheit belanglos ist, dem Leser das vermitteln, was nach den Auffassungen der Schreiber wesentlich war.[37]

Die spätere Reflexion hat Titel und Qualifizierungen auf Jesus übertragen, die ausdrücken sollen, was nach der Auffassung seiner Zeitgenossen (in weitestem Sinne) durch Jesus an Neuem in die Welt gekommen ist. So hat z. B. der Titel »Sohn Gottes« im Judentum und im Hellenismus eine unterschiedliche Bedeutung. Während dieser Titel im Judentum seinen Träger qualifizieren soll, wurde im Hellenismus bei dem Titel »Sohn Gottes« eher an einen verwandtschaftlichen Zusammenhang gedacht. Mit dem Titel »Gottessohn« sind also mythische Vorstellungen verbunden, die nicht durch das gedeckt sind, was Jesus ausdrücken wollte, und mit ihm nichts zu tun haben. Dabei geht es nicht darum, mythische Bilder grundsätzlich zu eliminieren. Nach Marxsen können sowohl jüdische als auch hellenistische Begriffe und Vorstellungen als »christlich« gelten, sofern sie das ausdrücken, was in Jesus zur Sprache kam.[37]

Weitere Qualifizierungen, die Jesus beigelegt werden, sind die Titel »Messias« und »Heiland«. Diese Titel sind Darstellungshilfsmittel – Interpretamente – und sie sollten als solche bestehen bleiben und nicht Glaubensgegenstand werden. Leider haben die christlichen Kirchen dies weithin vergessen und so unzähligen Menschen den Zugang zu dem, was Jesus zeigen wollte, erschwert. Zum Beispiel lässt es sich auch historisch nachweisen, dass die Rede von der Jungfrauengeburt Jesu als ein Titel gedacht war, der entsprechend der Symbolbildung in der griechischen Mythologie etwas über Jesus aussagen sollte. Die damaligen Schreiber wollten ihre besondere Verehrung von Jesus auf diese Weise ausdrücken. Es wäre aber eine fatale Fehlinterpretation, dieses Symbol faktisch zu verstehen und damit eine Behauptung über die sexuelle Vorgeschichte der Mutter Jesu aufzustellen.

Verdrängungen

Beim Lesen des Neuen Testaments fällt auf, dass der gesamte Bereich der Erotik nur in wenigen Andeutungen zur Sprache kommt und auch da noch angstbesetzt ist. Diese Verdrängung ist aus heutiger Sicht gravierend und folgenreich, da sich in den christlichen Kirchen neurotische Fehlhaltungen festgesetzt haben. Alle heutigen

Beteuerungen können kurzfristig nichts daran ändern, dass die christlichen Kirchen von breiten Bevölkerungskreisen als sexualfeindlich empfunden werden. Wie in der individuellen Psyche, so ist auch im gesellschaftlichen Umfeld eine Veränderung von Gefühlseinstellungen, die über Jahrhunderte hinweg eingeübt wurden, leider auch nur sehr langsam möglich.

Die ekklesiogenen Neurosen zeigen die krankmachenden Folgen solcher Sexualfeindlichkeit – sowohl in individueller Hinsicht wie auch in Bezug auf die Institution »Kirche«. Wenn wir daran denken, dass in jenem Teil der Welt, in dem Jesus gewirkt hat, bis auf den heutigen Tag Frauen nicht als gleichwertig anerkannt sind, ja unterdrückt und misshandelt werden, dann ist das Ausblenden dieses Lebensbereiches aus den biblischen Erzählungen zwar historisch verständlich, aber es sind betrübliche Fehlhaltungen, die korrigiert werden sollten. Die überlieferten Texte lassen dennoch hindurchschimmern, dass Jesus Frauen achtungsvoll behandelt hat und den Einstellungen seiner Umgebung nicht gefolgt ist.

Zu den bedauernswertesten Teilen der sogenannten Heiligen Schriften gehört alles, was der Angsterzeugung dienen sollte. Das, was Papst Johannes Paul II in Bezug auf die Hölle gesagt hat,[a] sollte recht bald Allgemeingut werden:

> Die Hölle meint nicht so sehr einen bestimmten Ort, sondern vielmehr die Situation des-

[a] Fußnote: Generalaudienz am 28.7.1999

> sen, der sich freiwillig und endgültig von Gott entfernt hat. Es handelt sich nicht um eine von außen verhängte Strafe Gottes, sondern um eine Entwicklung von Voraussetzungen, die schon vom Menschen in diesem Leben geschaffen wurden.[30]

Nicht-theistisch gesprochen: Der Mensch hat die Freiheit, die Äußerungen seiner Seele weitgehend zurückzudrängen, aber ein solches Leben führt nicht zur Vollendung der menschlichen Möglichkeiten.

Paulus

Die Predigt der christlichen Kirchen wird stark von Paulus bestimmt, der Jesus zu dessen Lebzeiten nicht gekannt hat und der sich offensichtlich für den historischen Jesus nicht interessiert hat. Paulus hat zunächst die Anhänger von Jesus bekämpft, bis er durch ein Ereignis, von dem er behauptete, es sei eine übersinnliche Erscheinung gewesen, eine Wandlung erfuhr. Offenbar war Paulus bemüht, die unreflektierte, naive Haltung der Jesus-Anhänger durch Aufnahme griechisch-philosophischen Gedankengutes gesellschaftsfähig zu machen. Hubertus Halbfas hat darauf hingewiesen, dass die Briefe des Paulus in reichlichem Maße griechische Vorstellungen enthalten, die nicht das ausdrücken, was in Jesus zur Sprache kam.[23] Stattdessen hat Paulus die Schuld-und-Sühne Problematik in den Vordergrund gestellt und Jesus als den dargestellt, der die »Sünde« des Menschen stellvertretend gesühnt hat. Um das besser zu begründen, hat Augustin später, etwa um das Jahr 400, auf der Basis persischer Einflüsse die Erbsündelehre entwickelt. Wenn aber das Verlassen der ursprünglichen Einheit, also die Sonderung, nichts Schuldhaftes an sich hat, sondern eine unausweichliche Folge der Entwicklung des Menschen ist, dann besteht auch keine Notwendigkeit einer Sühne. Die christliche Verkündigung sollte sich also davon verabschieden, die Hinrichtung Jesu als Sühneopfer und den Tod als »der Sünde Sold« zu bezeichnen.[32] Durch Paulus entstand eine Religion, die Jesus als den Christus mythologisch deutet, aber seine Botschaft zurückdrängte. Ausdruck dieser Mythologisierung sind z. B. die Geschichten von der leiblichen Gottessohnschaft von Jesus sowie die Geschichten von seiner Geburt und Himmelfahrt. Alles dies sind Einfügungen, die nicht ursprünglich jesuanisch sind. Diese Zusätze entstellen die christliche Botschaft nur dann nicht, wenn sie als Märchen oder Mythen gelesen und verstanden werden. Sobald aber historische Wahrheit für Inhalte eingefordert wird, die mythologischen Ursprungs sind, wird die gesamte Botschaft unglaubwürdig.

Paulus hat also das, was Jesus vermitteln wollte, durch die aus der griechischen Mythologie stammenden Vorstellungen verdunkelt. Dies wird sofort deutlich, wenn wir an das Glaubensbekenntnis der christlichen Kirchen denken: Das Leben und Wirken von Jesus wird dort auf Geburt und Tod reduziert, aber sein Leben wird übergangen. Wenn wir nur die von Paulus verfassten

Schriften hätten, wüssten wir nichts von dem, was Jesus vermitteln wollte. Halbfas schreibt:

> Alle christlichen Kirchen bekennen in ihren zentralen Formeln einen Glauben, in dem das Leben Jesu und sein Reich-Gottes-Programm nicht vorkommt. Die Glaubensbekenntnisse, wie sie gelehrt und gesprochen werden, ersetzen den historischen Jesus – von seiner Kreuzigung abgesehen – durch Christusdeutungen. Dies ist eine Paulus zu verdankende Verdrängung des historischen Jesus.[25]

Die Predigt der christlichen Kirchen

Die Reinigung der biblischen Botschaft von Fälschungen, die nach heutiger Erkenntnis nicht der Intention Jesu entsprechen, und die Übersetzung dieser Kernbotschaft in die Lebenswirklichkeit der Predigthörer gelingt offenbar nur sehr selten. Der Forderung, dass der Prediger nur das predigt, was er selbst aus persönlichem religiösem Erleben erfahren hat, genügen nur sehr wenige Predigten. Trotzdem wir noch nicht einmal unsere Welt mit unserer Sprache zutreffend beschreiben können, gibt es häufig sowohl innerhalb der Kirchen als auch in spirituellen Gruppen Reden, die voller Selbstgewissheit und unerschütterlicher Überzeugung »Wahrheiten« verkünden. Diese Predigten sind nicht »geerdet«, wie Anselm Grün das nennt. Das Wissen um die Vorläufigkeit und Unvollkommenheit unserer Erkenntnis sollte durch jeden Satz und jede Gebärde hindurchschimmern. Die Bibel gebraucht Worte wie Hybris oder Hochmut für ein Verhalten, das den menschlichen Rahmen zu überschreiten vorgibt. Unerschütterliche Überzeugungen sind dagegen ein Merkmal von Fundamentalisten. Da sind wir dicht bei dem Wort von Karl Jaspers: »Mit Glaubenskämpfern lässt sich nicht reden«. Und: »Der Hochmut des absolut Wahren ist die eigentlich vernichtende Gefahr für die Wahrheit.«[29] Eine demütige Spiritualität ist dagegen eine, die sich zu ihrer Schwäche bekennt und die um die Begrenztheit menschlichen Erkennens weiß.

8 Lebenspraxis

8.1 Spirituelles Leben

Vernunft und Vertrauen

Die Botschaft von Jesus sagt uns: Wir sind unzertrennlich mit Gott (also mit dem universalen Lebensprozess) verbunden und daher unsterblich. Gott ist Liebe und deshalb ist die Liebe auch das Zentrum der Botschaft Jesu. Von diesen Positiva darf man sich leiten lassen und kann darauf ein tragfähiges und lebensgestaltendes Grundvertrauen gründen.

Wie ein gelingendes und spirituell waches Leben aussehen könnte, darüber gibt es von Marc Aurel über Thaddeus Golas bis heute eine Fülle von Literatur. Die vorausgegangenen Kapitel führen zu zwei Merksätzen, die sich im eigenen Lebensvollzug bewährt haben:

1. Das Leben soll nicht ängstlich vermieden werden und ihm soll auch nicht in Illusionen ausgewichen werden, sondern ein Mensch soll am Leben teilnehmen.
2. Die Liebe soll in allen ihren Formen und Ebenen gelebt werden.

Das sind Allgemeinplätze, die ihre Lebendigkeit erst zeigen, wenn man sie praktisch umsetzt. Wir versuchen, das durch einige Beispiele zu umreißen:

Teilnahme am Leben

Die Erfahrungen, die im Leben zu machen ein Mensch sich vorgenommen hat, können nur gemacht werden, wenn er uneingeschränkt am Leben teilnimmt, wenn er sich also auf seine Risiken einlässt. Von dem Glaubenssatz »WIR SIND ALLE EINS« geht eine Ermutigung aus, sich auf Risiken einzulassen. Ich muss nicht zeigen, dass »meines besser ist« oder dass ich es besser kann. Es ist keine Frage, dass der Tropfen, der ich bin, zum Ozean dazugehört wie alle anderen Tropfen auch und vor allem: kein anderer Tropfen kann der Tropfen sein, der ich bin. Diese Teilnahme am Leben kann auch zu Situationen führen, wo ein Mensch den Rahmen der Konvention überschreiten muss, um sich selbst treu zu bleiben.

Kein Widerstand

Das kleine Buch von Thaddeus Golas[19] ist ein unschätzbar wertvoller Ratgeber für ein waches Leben. Golas betont immer wieder, dass nicht der Widerstand gegen Unangenehmes, sondern die liebende Annahme dessen, was ist, die Möglichkeit eröffnet, dass sich eine belastende Situation ändert, während beharrlicher Widerstand sie nur verfestigt. Golas hat das mit dem Satz auf die Spitze gestellt: »Wenn du lernst, die Hölle zu lieben, wirst du im Himmel sein.« Es geht also darum, alles so anzunehmen, wie es uns entgegentritt und keinen Widerstand zu leisten – also das zu lieben, was ist. Dazu muss alles Unerwartete und Unwillkommene bewusst angeschaut und schließlich begrüßt werden, so schwer das auch zunächst erscheinen mag. Wenn wir noch nicht so weit sind, sollten wir auch damit zufrieden sein und uns dafür lieben, dass wir das Ungewünschte nicht lieben können. Auch dagegen sollen wir keinen Widerstand leisten! Wenn wir uns nicht selbst täuschen, sondern anerkennen, was ist, können wir weitergehen. Je mehr wir versuchen, unliebevolle Gedanken und Gefühle in uns auszujäten, desto mehr werden da sein. Wenn wir absichtlich – und das heißt vordergründig – uns darum bemühen, liebevoll zu sein, wird sich unter dieser Decke ein gewaltiger Druck aus angestauten Aggressionen aufbauen.

Wenn wir negative Gedanken vermeiden, werden sie sich früher oder später physisch manifestieren. Es ist uns gesagt, dass Gedanken mächtige Werkzeuge sind. Aber der Versuch, uns von gewissen Gedanken zurückzuhalten, ist das, was uns unter Zwang setzt und einengt. Das vielgepriesene »positive Denken« bedeutet nicht, die Wirklichkeit zu verleugnen. Wenn wir eine bestimmte Realität erschaffen wollen, ist es ganz belanglos, was wir vordergründig denken. Wirksam ist der Gedanke hinter dem Gedanken, der »stiftende« Gedanke. Von diesem Gedanken wird gesagt, dass er sich entweder auf Liebe oder auf Angst gründet und dass er es ist, der zu unserer Erfahrung wird. Golas[19] sagt uns, dass eine Liebe, die über jedes »normale« Maß hinausgeht, in der Lage ist, die Wirkungen der Polarität zu dämpfen. Eine solche Liebe ist vor allem eine Liebe zu dem, was ist, zur Realität unseres Lebens. Das bedeutet auch, dieser Realität nicht zugunsten einer Welt der Illusionen unsere liebende Zuwendung zu entziehen.

Auch eigene Unvollkommenheiten sollten wir verständnisvoll und freundlich behandeln. Wer alles perfekt und richtig machen will, wird nicht viel zustande bringen. Wer Vollkommenheit erzwingen will, wird wahrscheinlich resignieren. Es ist nicht hilfreich und führt nicht zum Ziel, etwas besonders gut machen zu wollen. Schon Paul Velérie schrieb: »Zwei Dinge bedrohen die Welt - Ordnung und Unordnung.« Wenn wir darauf vertrauen, dass der universale Lebensprozess uns förderlich ist, können wir ganz angstfrei etwas Unordnung in unser Tun hereinlassen und darauf vertrauen, dass am Ende die Stimmigkeit des Ganzen in wunderbarer Schönheit hervortreten wird.

Die beiden Lebenshälften

Richard Rohr[40], ein amerikanischer Franziskaner-Mönch, hat beobachtet, dass das Leben vieler Menschen sinnvoll in zwei Hälften eingeteilt werden kann, die beide ihre Berechtigung haben. Während es in der ersten Lebenshälfte darum geht, eine Stellung in der Welt einzunehmen – einen Beruf zu ergreifen, eine Partnerschaft zu begründen usw. – , sollte in der zweiten Hälfte die spirituelle Entwicklung im Vordergrund stehen. In der ersten Lebenshälfte wird das Rätselhafte und Erschreckende vorübergehend ausgeblendet. Das ist aus praktischen Gründen zunächst hilfreich, bis zu einem späteren Zeitpunkt diese Einseitigkeit ausgeglichen werden muss, um geistliches Gewahrsein und Weisheit wachsen zu lassen. Am Wendepunkt gibt es in fast jedem Leben eine Lebenslage, wo dem Menschen die Kontrolle entgleitet, wo eine Situation nicht verstanden und auch nicht geändert werden kann. Man verliebt sich unkontrollierbar, eine Beziehung zerbricht, man verliert seine Anstellung oder Anerkennung oder ein Unfall verändert das Leben. Unter solchen Einflüssen beginnt das kleine Selbst zu zerfallen und macht den Weg frei, um das größere Selbst wachsen zulassen. Es ist gut, keine Kräfte zu verschwenden, um das Unausweichliche zu bekämpfen, sondern stattdessen anzunehmen, was neu heraufkommt.

8.2 Ethik und Moral

Von Neale D. Walsch und anderen wissen wir, dass der universale oder fundamentale Lebensprozess indifferent gegenüber dem menschlichen Verhalten ist. Traditionell gesprochen: Vor Gott gibt es keine Schuld. Der Mensch ist zwar aufgerufen, der Liebe zu folgen, und es ist ihm verheißen, dass nur dieser Weg seinem Lebensglück dienlich ist, aber der Mensch ist frei, andere Optionen zu wählen. Das hebt nicht die Tatsache auf, dass das Verhalten des Menschen zu Konsequenzen führt, denen er nicht ausweichen kann. Diese Konsequenzen sind aber keine Strafen, sondern logische Folgen der vorausgegangenen Handlungen.

Angesichts der ungeheuren zeitlichen und örtlichen Variabilität der moralischen Vorstellungen kann die Empfehlung des Augustinus (354-430), die er in seinen »Confessiones« gegeben hat, als wunderbare Kurzfassung angesehen werden: »Liebe und tue, was du willst.«

Das autoritäre Gewissen scheint kein guter Ratgeber für ethische Entscheidungen zu sein. Dieses »Über-Ich" (Freud[16]) entsteht in der Kindheit unter dem Druck der äußeren Bedingungen und passt sich neuen Bedingungen nicht leicht an. So kommt es, dass jemand z. B. ein schlechtes Gewissen hat, wenn er ein Stück Brot wegwirft, aber bedenkenlos Glyphosat in seinem Garten anwendet oder mit seiner Unterschrift einen Waffenexport genehmigt.

Spong[45] macht deutlich, dass die Unterdrückung unserer Menschlichkeit kein Weg zu einem erfüllten Leben sein kann. Moral entsteht nicht durch Unterdrückung und Negativität. Und insbesondere führt die Unterdrückung sexueller Energie nicht zu spirituellem Wachstum. Wenn Gott nicht als Person, sondern als der Grund und die Tiefe des Lebens verstanden wird, dann wird Ethik als ein System der Verhaltenskontrolle überflüssig und ist das Selbstverständliche, das keiner weiteren Begründung bedarf. Die Aufgabe der Kirchen sollte es nicht sein, die Lebensführung zu beurteilen oder einzuschränken, sondern die Kirchen sollten die Bewusstheit fördern. Sie sollten dazu beitragen, Unwissenheit und Vorurteile abzubauen und die Barrieren zu beseitigen, die verhindern, dass das Leben in seiner Fülle gelebt werden kann. Die Kirchen sollten versuchen, so Spong, unser Bewusstsein zu erweitern und die Kraft des Lebens in uns allen zu stärken.

Wenn der Sinn meiner aktuellen Inkarnation darin besteht, praktische Erfahrungen zu machen und herauszufinden, wer ich wirklich bin, dann ist Gehorsam nicht der beste Wegweiser, ja er ist keine Tugend, sondern eher ein Laster. Gehorsam beinhaltet, dass wir von den Möglichkeiten, die wir haben, nur eingeschränkten Gebrauch machen und auf unsere Freiheit, durch die wir immerhin auch scheitern könnten, vorsichtshalber verzichten. Der Furcht vor der Freiheit den Mut zum eigenen Sein entgegenzusetzen, wäre eine wertvolle Erfahrung, die wir uns nicht entgehen lassen sollten.

Erich Fromm[17] unterscheidet neben dem erwähnten autoritären das humanistische Gewissen. Das in der Kindheit erworbene autoritäre Gewissen spricht zu uns scheinbar mit unserer eigenen Stimme, aber es sagt immer das, was geeignet ist, Konflikte mit den Autoritäten zu vermeiden - wobei die Autorität auch die öffentliche Meinung sein kann oder irgend eine andere anonyme Macht – z. B. der sogenannte gesunde Menschenverstand. Das autoritäre Gewissen schwächt unsere Fähigkeit zum Selbstsein und zum selbständigen Urteilen.

Das humanistische Gewissen gründet sich dagegen auf unser intuitives Wissen, das uns sagt, was menschlich und liebevoll ist. Es ist schwer, ihm zu folgen. Wenn wir nämlich gehorsam sind, fühlen wir uns sicher, beschützt, in der Gemeinschaft der Gehorchenden geborgen. »Um ungehorsam zu sein, muss man den Mut haben, allein zu sein, zu irren und zu sündigen.«[17] Ein praktisches Beispiel für einen Menschen, der seinem humanistischen Gewissen folgt, ist Edward Snowden. Er hat den Mut bewiesen, seiner Einsicht folgend ungehorsam zu werden und das Risiko zu irren auf sich zu nehmen. Die Fähigkeit zum Ungehorsam können wir einüben und sie ist die Voraussetzung, Freiheit zu verwirklichen und verantwortlich zu handeln. Alexander und Margarete Mitscherlich empfehlen, die starre »Dogmenmoral« aufzugeben und eine »Moral der einfühlenden Voraussicht« einzuüben.[39]

8.3 Leiden

In unserer Zeit hat das Leiden auf der Welt erschreckende Ausmaße erreicht und Millionen von Menschen werden in unvorstellbarer Weise gefoltert und gequält. Kinder werden zur Zwangsarbeit in Bergwerken gezwungen oder müssen versuchen, sich aus den Mülltonnen ihrer Stadtviertel zu ernähren. Viele Menschen in Afrika, deren Körper mit Tuberkulose und Aids kämpfen, bewohnen eine Unterkunft aus alten Kisten. Mehr als 1,6 Milliarden Menschen hatten im Jahre 2016 keinen Zugang zu sauberem Wasser. Ein Viertel der Menschheit ist ohne Toiletten. 19 000 Kinder sterben jeden Tag an vermeidbaren Krankheiten. Dorothee Sölle[42] schreibt im Hinblick auf vergangene Leiderfahrungen:

> Es gibt Worte, einzelne Begriffe, die unermessliche Leiderfahrungen repräsentieren: Auschwitz, Napalm, Vietnam […] Ein solches Leiden ist auch durch spätere Aufhebung des Leidens nicht zu rechtfertigen und kein Himmel kann so etwas wie Auschwitz wieder gutmachen. Es gibt Schmerzen, die jede Form von Schuld unendlich übersteigen.

Angesichts des Leidens sehen sich Menschen vor die Frage gestellt: Wie kann Gott das zulassen? Warum muss so etwas passieren?

Hinter dieser Frage steht die alte, theistische Anschauung, die sich Gott als einen allmächtigen und allwissenden Herrscher vorstellt. Diese Vorstellung ist falsch. Wenn das, was wir mit dem Wort »Gott« zu benennen versuchen, Teil jedes Menschen ist, dann wird Gott auch vom Leiden betroffen, dann ist er mit-leidend. Eine sehr bestürzende Antwort auf die Frage nach dem Leiden sagt, dass es im Leben eines einzelnen Menschen nicht um ihn geht, sondern dass ein höherer Prozess Priorität hat. Schon die alttestamentliche Hiob-Legende deutet an, dass die gewöhnliche Vorstellung einer individuellen Gerechtigkeit nicht der Realität entspricht – es gibt keine solche Gerechtigkeit.

Wenn wir das Prinzip der Komplementarität auf das Leiden anwenden, so erkennen wir, dass beides wahr ist: der universale Lebensprozess nimmt uns sowohl liebevoll auf und ist andererseits unserem individuellen Leben gegenüber vollkommen gleichgültig. Daraus lässt sich schlussfolgern, dass es im Leben des einzelnen Menschen nicht um ihn und sein individuelles Leben geht, sondern dass sich die Ereignisse seines Lebens aus der Beziehung ergeben, in der der Mensch zu seinem transzendenten Kontext steht. Der Mystiker Walsch hat darauf hingewiesen, dass auch Absprachen zwischen physisch nicht inkarnierten Individuen möglich sind, um zu erreichen, dass in der nächsten Inkarnation bestimmte Erfahrungen, darunter auch leidvolle, gemacht werden können. Man hat den Eindruck, dass ein physischer Lebenslauf wie eine Szene eines Theaterstückes behandelt wird. Folgerichtig weist Walsch mehrfach darauf hin, dass nichts von dem, was wir wahrnehmen, real ist.

Wir folgen gewöhnlich der Illusion der Individualität. Es gibt aber keine Gerechtigkeit einem einzelnen Menschen gegenüber, weil es auch keine einzelnen Menschen gibt. Wir sind alle miteinander verbunden. Auch die Empfindung der Sinnlosigkeit des Leidens muss als eine Folge dieser Illusion angesehen werden, weil es in der Realität keine einzelnen Schicksale gibt. Leiden ist mit Sicherheit nicht Strafe für das Verhalten eines einzelnen Menschen. Wir leben in einer Welt, die auf Polarität aufgebaut ist; dennoch liegt in dem Hinweis auf die Polarität keine Rechtfertigung für das unermessliche Leid, das die Menschheit sich selbst zufügt.

Das Vertrauen darauf, dass der universale Lebensprozess unser Leben fördert, traditionell gesprochen: dass Gott uns liebt, auch dann, wenn nichts davon sichtbar ist, ist ein Paradox, von dem eine letzte Stärkung ausgeht. »Mystische Theologie beantwortet das Leiden mit einer Liebe, angesichts derer der Herr sich schämen müsste, weil sie stärker ist als er.« (Dorothee Sölle[42])

8.4 Ökologisches Bewusstsein

Ökologisches Bewusstsein nimmt die grundlegende wechselseitige Abhängigkeit aller Phänomene ebenso zur Kenntnis wie die Tatsache, dass der Mensch in die zyklischen Prozesse der Natur eingebunden und von ihnen abhängig ist. Das ökologische Bewusstsein erzeugt ein Gefühl der Zugehörigkeit zum Universum, das subjektiv als Errettung oder als Gefühl der Sicherheit und des Nach-Hause-Kommens erfahren wird. Die Bejahung dieser Zugehörigkeit erscheint als Liebe.

Ökologisches Bewusstsein führt zu einem mystischen Denken, welches in einer Wahrnehmung des Nicht-getrennt-Seins wurzelt. In diesem Kontext wird auch unser Planet Erde als lebendes Wesen wahrgenommen. Es liegt auf der Hand, dass eine solche innere Haltung zu einem praktischen Verhalten führen muss, das sich als Non-Konformismus oder als Widerstand gegen die gegenwärtigen Herrschaftssysteme zeigt. Die Grundsätze des Mahatma Gandhi (1869–1948) – Gewaltlosigkeit, Offenheit, Nicht-Kooperation mit dem Bösen – können hier eine gute Richtschnur sein.

Die mit der gegenwärtigen Daseinsordnung einhergehenden Probleme der Destabilisierung sowohl des Weltwirtschaftssystems wie auch der Ökosysteme, die Ungerechtigkeit, die zur qualvollen Unterdrückung und

Misshandlung eines großen Teils der Weltbevölkerung geführt hat, und die Aggressivität von politischen und religiösen Gruppierungen lässt in vielen Menschen die Sehnsucht nach einer neuen Daseinsordnung entstehen. Sie ist nicht nur notwendig, sondern auch realisierbar. Unterstützt durch Meditation und durch Übungen zum Gewahrsein und zur Konzentration wächst seit Jahrzehnten in sehr vielen Menschen ein neues Bewusstsein. Dass die Welt aus »Verbundenheiten und Möglichkeiten«[34] besteht, bewirkt eine Ermutigung zu einem neuen Aufbruch, die sich vielen mitteilt. Auf diese Weise bildet sich ein neues, planetarisches Bewusstsein, in dem auch die Unterschiede zwischen Religionen und Lebensweisen als Ausdruck der Komplementarität aufgefasst werden. Es ist auch ein ökologisches Bewusstsein, weil es ein Gefühl der Zugehörigkeit zum Universum erzeugt.

Mehr und mehr kommen wir zu der Einsicht, dass wir alle Teil einer göttlichen Gegenwart sind. Was als Atem- und Entspannungsübung vieler Menschen begonnen hat, entwickelt sich zu etwas Größerem. Es wird zu einem Raum der Verbundenheit, wo wir unsere Verbindung mit dem zentralen Lebensprozess, miteinander und mit der Erde fühlen. Es scheint, dass wir auf unserer inneren Reise neue Möglichkeiten erkunden: Friede, Ausgewogenheit und Klarheit, aber auch Zugang zur Weisheit, Schönheit, Majestät und Gnade. Es ist möglich, die Daseinsordnung der Menschheit auf Liebe zu gründen. Es ist aber nicht nur möglich, sondern auch die Bedingung dafür, überhaupt das physische Überleben der Menschheit auf diesem Planeten zu gewährleisten. Möge die Liebe sehr bald hier auf der Erde alle Angst aufheben.

8.5 Leben mit Symbolen

Sowohl die Jung'sche Psychoanalyse wie auch die Mystik sagen uns, dass sich die existentiellen Wahrheiten, die uns ein sinnvolles Leben ermöglichen, rein verbal nicht vollständig ausdrücken lassen. Der Mensch braucht eine symbolische Sprache, um das ins Leben zu integrieren, was sich nicht mit Worten sagen lässt. Große Kunst kann hier eine Hilfe sein. Ebenso ist eine symbolreiche religiöse Praxis für alle die hilfreich, die damit leben können und wollen. Steffensky[47] hat das sehr anschaulich beschrieben, indem er von »Gesten der Selbstdeutung und Selbstbeheimatung« sprach. Die Nöte und Wünsche des Menschen brauchen einen symbolischen Ausdruck, »einen Tanz, eine Geste, [...] eine Gestalt«, sie brauchen auch »Einübungen, Inszenierungen, Verleiblichungen [...]«. Symbole haben den Vorteil, dass sie auch für den hilfreich sein können, der für seine Not keine Sprache hat, »dem es die Sprache verschlagen hat«.[47] Diese Symbole müssen eingeübt und benutzt werden, denn das, was keine Gestaltung findet, geht mit der Zeit auch als Idee verloren. Symbole enthalten unscharfe Aussagen, sie sind mehrdeutig und missverständlich, aber Steffensky vertritt die Ansicht, dass man den ganzen Inhalt eines Symbols nicht ohne dieses selbst haben kann. Wir wünschen uns, dass die christlichen Kirchen, die über einen großen Symbolvorrat verfügen, diese Symbole als solche zugänglich machen, ohne dafür faktisch-historische Wahrheit zu beanspruchen und sie damit für die meisten Menschen unbrauchbar zu machen.

Die Kirchen werden sich vermutlich kurz- und mittelfristig kaum zu erheblichen Änderungen ihrer Lehre bereitfinden. Manche ihrer Amtsträger, der Pastoren oder Priester, haben jedoch ein Empfinden für notwendige Änderungen, ohne sie realisieren zu können. Einige von ihnen machen sich jene Teile aus dem christlichen Kontext zu eigen, die das enthalten, was heute wichtig, richtig, verständlich und hilfreich ist. Der Grundsatz »überwachsen, nicht überwältigen« bietet große Chancen für eine solche Entwicklung. Verschüttet unter Bildern, die uns Heutigen fremd sind, und hinter Begriffen, die heute unverständlich geworden sind, enthält die christliche Religion Schätze, die unser Leben bereichern könnten. Es gilt, mit dem Spürsinn des Mystikers christliche und nicht-christliche Schätze zu heben und nutzbar zu machen.

8.6 Der weitere Weg: Liebevolle Kommunikation

Dorothee Sölle hat vom »Tod am Brot allein« gesprochen und erklärt, dass sie darunter den Tod des Erstickens, der Erstarrung, der Beziehungslosigkeit versteht. Die lebhafte und uneingeschränkte Teilnahme am Leben schließt jedoch ein, dass wir in Beziehungen leben.

Karl Jaspers hielt die Kommunikation für den Grundanspruch eines philosophischen Lebens an uns, ja kam schließlich zu der Schlussfolgerung, dass Vernunft zu Kommunikation führen muss. Es geht dabei um

> die Möglichkeit in uns Menschen, wirklich miteinander zu leben, miteinander zu reden, durch dieses Miteinander in die Wahrheit zu finden und erst auf diesem Wege eigentlich selbst zu werden.[29]

Viele haben heute die Empfindung, dass sich die Entwicklung der Menschheit gegenwärtig einem Umbruch nähert oder dass zumindest Veränderungen grundlegender sozialer Zusammenhänge immer schneller eintreten. Entscheidend für den weiteren Weg der Menschheit und des Planeten Erde wird es sein, ob ein Bewusstsein der Einheit und Gemeinschaftlichkeit aller Menschen in so vielen Menschen Platz greift, dass das wirtschaftliche und politische Handeln vernunftbasiert wird. Kommunikation, die die Verbindung auch mit denen sucht, die noch keine Kommunikation wollen, wird dabei sehr wichtig sein. Man kann bereits jetzt beobachten, dass diese Wandlung an der Basis in kleinen Gruppen beginnt.

Es sind schon heute unübersehbar viele, denen diese Haltung eigen ist. Es sind die, die ihr Leben auf Verstand und Liebe, also auf Vernunft gründen, die Käufer der Biolebensmittel, die Bio-Bauern, die Nicht-Käufer der vergifteten Lebensmittel, die Umweltschützer, die Friedliebenden, die Entwicklungshelfer, die Sozialarbeiter, die Beter, die Meditierenden, die Barmherzigen, die

Nachdenklichen, die Liebevollen und die, die alternative gemeinschaftliche Lebens- und Wirtschaftsformen erproben. Wenn uns die christlichen Bilder nichts mehr sagen und uns die christlichen Leitbilder leer erscheinen, erscheinen neue Bilder und Ziele, die oft nicht als Ausdruck einer religiösen Einstellung erkannt werden, und es erscheint eine liebende Haltung zum Leben, die uns Hoffnung gibt.

In der Vergangenheit war der Gedanke an die Unsterblichkeit des Menschen für manche Menschen eine unsichere Hoffnung, aber für viele eine haltlose Utopie. Wenn unsere Unsterblichkeit jedoch durch Fakten erhärtet wird, die in die Nähe der Wissenschaftlichkeit kommen, dann wird dieses Wissen hoffentlich – sobald es ins öffentliche Bewusstsein eingedrungen ist – zu einer Verhaltensänderung und zu einem Paradigmenwechsel großen Ausmaßes führen. Die Ära der »bewussten Unsterblichkeit«[35] bezeichnet eine neue Phase in der Entwicklung der Menschheit. Durch dieses Wissen könnten sich die zwischenmenschlichen Beziehungen und das Verhalten zur Erde grundlegend ändern.

Leben wir eine verschwenderische Liebe, die eine Welt erschafft, in der viele ermutigt werden auch so zu leben. Das ist das, was das Leben heute von uns erhofft. Jeder, der sich auf diesen Weg begibt, wird viele Gleichgesinnte finden. Diese Kleingruppen erschaffen eine neue Ebene der Verbindlichkeit, des Dialogs, der Freundschaft und sind die Zukunft der Welt.

Literatur

[1] Amir D. Aczel. *Entanglement*. New York: Plume, 2001.

[2] Franz Alt. *Was Jesus wirklich gesagt hat*. Gütersloher Verlagshaus, 2015.

[3] Niels Bohr. „Einheit des Wissens“. In: *Physik und Transzendenz*. Hrsg. von Hans-Peter Dürr. Driediger Verlag, 2012, S. 91–112.

[4] Fritjof Capra. *The Tao of Physics*. Boston: Shambhala, 1991.

[5] Fritjof Capra und David Steindl-Rast. *Belonging to the Universe*. San Francisco: Harper, 1992.

[6] Katharina Ceming. „Wo steckt die Seele?“ In: *Publik-Forum* 12 (2016), S. 26–29.

[7] Thorwald Dethlefsen. *Ödipus der Rätsellöser. Der Mensch zwischen Schuld und Erlösung*. Arkana Verlag, 2000.

[8] Eugen Drewermann. *Von Güte und Unsterblichkeit*. ISBN 978-3-88095-252-2. Oberursel: Publik-Forum Verlagsgesellschaft mbH, 2013.

[9] Hans-Peter Dürr. *Auch die Wissenschaft spricht nur in Gleichnissen*. 7. Aufl. Freiburg: Herder, 2010.

[10] Hans-Peter Dürr. *Es gibt keine Materie!* Amerang: Crotona Verlag, 2012.

[11] Hans-Peter Dürr. *Physik und Transzendenz*. Driediger Verlag, 2012.

[12] Albert Einstein. *Mein Weltbild*. Erstdruck 1934. Frankfurt am Main: Ullstein Bücher, 1955.

[13] Albert Einstein. „Religion und Wissenschaft“. In: *Physik und Transzendenz*. Hrsg. von Hans-Peter Dürr. Driediger Verlag, 2010.

[14] Richard P. Feynman. *Sechs physikalische Fingerübungen*. München: Piper Verlag, 2002.

[15] Papst Franziskus. „Kein Campesino ohne eigenen Boden!. Rede beim Treffen mit den Volksbewegungen in Bolivien“. In: *Publik-Forum* 14 (2015), S. 32.

[16] Sigmund Freud. *Abriss der Psychoanalyse*. Taschenbuch Nr. 47. Frankfurt am Main: Fischer Bücherei KG, 1958.

[17] Erich Fromm. *Über den Ungehorsam*. München: DTV, 1988.

[18] Erich Fromm. *Jenseits der Illusion. Die Bedeutung von Marx und Freud*. München: DTV, 2006.

[19] Thaddeus Golas. *Der Erleuchtung ist es egal, wie du sie erlangst*. URL: www.licht-und-liebe.eu/Download/GolasErleuchtung.pdf.

[20] Thaddeus Golas. *The lazy man's guide to enlightenment*. New York: Bantam Book, 1972.

[21] Amit Goswami. *Physics of the soul*. Charlottesville, VA: Hampton Road Publishing Company, 2001.

[22] Stanislaw Grof. *Die Psychologie der Zukunft. Erfahrungen der modernen Bewusstseinsforschung*. Wettswil: Astrodata, 2006.

[23] Hubertus Halbfas. *Traditionsbruch und Neubeginn, 15.11.2008, Feier zum 20-jährigen Bestehen des Lehrhauses Bremen*. 2008. URL: http://www.wir-sind-kirche.de/files/1441_Hubertus_Halbfas_-_Traditionsbruch.pdf.

[24] Hubertus Halbfas. *Der Herr ist nicht im Himmel*. Gütersloh: Gütersloher Verlagshaus, 2013.

[25] Hubertus Halbfas. *Die GfGR und die Situation in der röm.-kath. Kirche. (Vortrag am 20.03.2015 – 3. Jahrestagung GFGR)*. 2015. URL: http://www.glaubensreform.de/pages/wer-wir-sind/jahresversammlungen/jahresversammlung-2015/vortrag-prof.-halbfas.php.

[26] Werner Heisenberg. *Der Teil und das Ganze*. München: Piper Verlag, 1969.

[27] Werner Heisenberg. *Physik und Philosophie*. Stuttgart: Hirzel Verlag, 2000.

[28] Nick Herbert. *Quantum Reality*. New York: Anchor Press/-Doubleday, 1985.

[29] Karl Jaspers. *Der philosophische Glaube*. Frankfurt am Main: Fischer Bücherei, 1948.

[30] Papst Johannes Paul II. *Generalaudienz 28.07.1999*. URL: http://w2.vatican.va/content/john-paul-ii/de/audiences/1999/documents/hf_jp-ii_aud_28071999.html.

[31] Pascual Jordan. „Die weltanschauliche Bedeutung der modernen Physik“. In: *Physik und Transzendenz*. Hrsg. von Hans-Peter Dürr. Driediger Verlag, 2010.

[32] Klaus-Peter Jörns. *Notwendige Abschiede*. Gütersloh: Gütersloher Verlagshaus GmbH, 2004.

[33] Carl Gustav Jung. *Von Mensch und Gott. Ein Lesebuch*. Freiburg: Walter Verlag, 1989.

[34] Hildegard Kurt. *Wachsen! Über das Geistige in der Nachhaltigkeit*. Stuttgart: Mayer, 2010. ISBN: 978-3-86783-035-3.

[35] Ervin Laszlo und Anthony Peake. *The immortal mind*. Rochester: Inner Traditions, 2014.

[36] Willi Marxsen. *Die Auferstehung Jesu als historisches und als theologisches Problem*. Berlin: Ev. Verlagsanstalt GmbH, 1966.

[37] Willi Marxsen. *Das Neue Testament als Buch der Kirche*. Berlin: Ev. Verlagsanstalt GmbH, 1967.

[38] Arthur I. Miller. *137 - C. G. Jung, Wolfgang Pauli und die Suche nach der kosmischen Zahl*. München: DVA, 2009.

[39] Alexander und Margarete Mitscherlich. *Die Unfägigkeit zu trauern*. Kap.III Die Relativierung der Moral. München: Piper & co. Verlag, 1969.

[40] Richard Rohr. *Falling upward*. San Francisco: Jossey-Bass, 2011.

[41] Valerio Scarani. *Physik in Quanten*. München: Spektrum Verlag, 2007.

[42] Dorothee Sölle. *Leiden*. Stuttgart: Kreuz Verlag, 1980.

[43] Dorothee Sölle. *Gott denken. Einführung in die Theologie*. Stuttgart: kreuz Verlag, 1990.

[44] Dorothee Sölle. *Mystik und Widerstand*. München: Piper Verlag, 1999.

[45] John Shelby Spong. *Why Christianity must Change or Die*. New York: HarperCollins, 1989.

[46] John Shelby Spong. *Eternal Life: A new Vision*. New York: Harper, 2009.

[47] Fulbert Steffensky. *Feier des Lebens*. Stuttgart: Kreuz Verlag, 1984.

[48] Ian Stevenson. *Reinkarnation in Europa*. Vogelherd: Aquamarin Verlag, 2014.

[49] Paul Tillich. *Der Mut zum Sein*. Stuttgart: Steingrüben Verlag, 1953.

[50] Neale Donald Walsch. *Gespräche mit Gott*. München: Wilhelm-Goldmann-Verlag, 1997.

[51] Neale Donald Walsch. *Freundschaft mit Gott*. München: Wilhelm-Goldmann-Verlag, 2000.

[52] Neale Donald Walsch. *Tomorrow's God*. New York: Atria Books, 2004.

[53] Ulrich Warnke. *Quantenphilosophie und Interwelt*. München: Scorpio Verlag, 2014.

[54] Ken Wilber. *A theory of everything*. Boston: Shambala, 2001.

[55] Fred Alan Wolf. *The Spiritual Universe*. Portsmouth: Moment Point Press, 1999.

[56] Jörg Zink. *Die Urkraft des Heiligen*. Stuttgart: Kreuz Verlag, 2003.

Zeitfracht Medien GmbH
Ferdinand-Jühlke-Straße 7
99095 Erfurt, Deutschland
produktsicherheit@kolibri360.de